KB077706

행운은 반드시
아침에 찾아온다

KOUUN WA, KANARAZU ASA NI OTOZURERU.
Copyright©Shunmyo Masuno 2017

Korean translation rights arranged with SHUWA SYSTEM CO., LTD.
through Japan UNI Agency, Inc., Tokyo and Korea Copyright Center, Inc., Seoul

이 책은 (주)한국저작권센터(KCC)를 통한 저작권자와의 독점계약으로
쌤앤파커스(Sam & Parkers)에서 출간되었습니다.
저작권법에 의해 한국 내에서 보호를 받는 저작물이므로 무단전재와 복제를 금합니다.

행운은 반드시
아침에 찾아온다

마스노 슌묘 지음 | 부윤아 옮김

쌤앤파커스

차례

3장 몸과 마음을 고요하게 정돈하는 아침 습관

행운은 준비된 마음에만 깃든다

여러분은 '운'에 대해 생각해본 적이 있습니까? "나는 아무래도 운이 없는 것 같아.", "어쩌면 나는 평생 행운과는 인연이 없는지도 몰라." 등등. 운에 대해 이야기해보면 운이 없다거나 좋은 운을 타고나지 못했다고 한탄하는 사람이 많습니다. '내 주위에는 운이 좋아 보이는 사람이 이렇게나 많은데, 나는 왜 이렇게 운이 없을까?' 하는 생각을 하다 보면 '세상은 참 불공평하구나.' 싶기도 합니다. 많은 사람들이 보통 이런 방식으로 운을 받아들입니다.

하지만 행운은 '선택받은 사람'만이 얻을 수 있는 것이 아닙니다. 스스로 끌어당겨 붙잡는 것, 그것이 바로 행운입니다.

"행운은 준비된 마음에만 깃든다."

프랑스의 미생물학자 루이 파스퇴르Louis Pasteur가 한 말입니다. 그런데 이 말은 불교의 사고방식과 완전히 일치합니다. 쉬운 예를 들어볼까요? 봄이 오면 산과 들의 나무에 꽃이 핍니다. 따뜻한 봄바람이 불어오면 꽃망울이 터지죠. 하지만 모든 꽃망울이 똑같은 순간에, 즉 동시에 터지지는 않습니다. 꽃을 피우기 위한 준비가 된 꽃망울만이 봄바람을 붙잡아 아름다운 꽃을 피웁니다. 봄바람은 모든 나무에 똑같이 불어오지만 준비가 덜된 꽃망울은 꽃을 피우지 못하죠. 다음에 불어올 바람을 기다려야만 합니다.

행운은 바로 이 봄바람과 무척 닮았습니다. 행운을 잡을 기회는 누구에게나 평등하게 찾아옵니다. 다만 그 기회를 살리는 사람이 있는가 하면 살리지 못하는 사람도 있습니다. 도대체 그 차이는 무엇일까요?

앞에서 말씀드린 바와 같이, 단지 준비가 되어 있는가 되어 있지 않은가에 따라 차이가 생깁니다. 파스퇴르가 말한 '준비된 마음'도 바꿔 말하면 '준비된 상태'가 되겠지요. 몸과 마음은 떼려야 뗄 수 없는 것이므로, '몸과 마음이 함께 준비된 상태'가 바로 '행운을 부르는 조건'입니다.

그렇다면 몸과 마음이 준비된 상태란 어떤 것일까요? 바로 '몸과 마음이 잘 정돈된 상태'를 가리킵니다. "정돈되다니, 어떻게요?" 아마도 이런 의문을 품는 사람이 많을 것입니다. 힌트는 다음의 선어禪語에 있습니다.

조신 調身, 조식 調息, 조심 調心

이 말은 몸을 정돈하면 호흡이 정돈되고, 나아가 마음도 정돈된다는 뜻입니다. 몸을 정돈한다는 것은 몸가짐을 똑바로 한다는 의미이기도 합니다. 이것이야말로 행운을 붙잡을 준비입니다. 그 열쇠는 하루를 시작하는 시간, 바로 '아침'에 있습니다. 하루의 시작인 아침을 충실하게 채워 몸과 마음이 정돈된 상태로 그날 하루를 보내는 것이 다름 아닌 행운을 손에 넣을, 가장 중요한 준비입니다.

평소 여러분의 아침 풍경은 어떻습니까? 아침 시간을 충실하게 채우고 있습니까? 그저 허둥지둥하면서 귀중한 아침 시간을 아깝게 보내버리고 있지는 않습니까?

저는 운수승雲水僧으로 수행 생활을 시작한 후에 아침의 중요성을 깨달았습니다. 정확히 표현하자면 깨달음을 받은 것이지요. 수행 기간에는 아침 해가 뜨기도 전에 일어나 좌선을 시작으로 아침 독경讀經과 청소 같은 작무作務를 행합니다. 수행 생활을 하는 동안 매일 아침이 이보다 더할 수 없을 만큼 엄격했지만, 엄격함에 비례해서 딱 그만큼의 충만함을 느끼곤 했습니다.

그 후로 수십 년이 흘렀습니다만, 지금도 저는 새벽 4시 반에 일어나 아침 시간을 소중히 보내기 위해 온힘을 기울입니다. 아침의 '흐름'은 하루 종일 이어지기 때문에, 아침 시간을 충실히 보냈을 때 하루 전체가 충실해집니다. 저는 지금도 매일 그런 충만함을 느낍니다.

충실한 생활은 내 곁을 스쳐가는 행운을 붙잡고, 그 안에서 살아가는 방식입니다. 저는 불교적 관점에서 아침을 충실하게 보내기 위해 해야 할 일을 제안하기 위해 이 책을 썼습니다. 거창한 게 아닙니다. 대부분 30분만 일찍 일어나면 누구나 충분히 해볼 만한 일들입니다. 이 책에서 소개하는 방법을 실천하면 행운이 여러분을 찾아갑니다. 다르게 표현하자면 여러분은 '행운 체질'로 바뀔 것입니다. 이것은 제 경험을 통해 장담할 수 있습니다.

당장 내일 아침부터 시작해보세요. 여러분도 분명 행운에 둘러싸인 느낌으로 하루하루를 알차게 보내게 될 것입니다. 그런 하루하루가 쌓이면 운 좋은 인생이 됩니다.

지은이 마스노 슌묘

1장

하루하루가 쌓여 우리의 인생이 됩니다. 그런데 오늘이 어떤 하루가 될지를 결정하는 중요한 열쇠를 바로 아침이 쥐고 있죠. 그러니 아침이야말로 거시적으로 볼 때 인생 전체를 좌우합니다. 아침에는 몸도 마음도 원점으로, 다시 말해 완전히 새로운 상태로 되돌아갈 수 있습니다. '새로운 시작'은 그야말로 아침이기 때문에 가능한 일이고, 아침에 해야 할 가장 중요한 일입니다.

행운은 반드시
아침에 찾아온다

밤 1시간보다
값진
아침 10분

○
○
○
○

여러분에게 '아침'은 어떤 시간
인가요? 아마도 "아무튼 바쁘다.", "정신없다.", "늘 마음이 급
하고 허둥거린다." 같은 대답이 압도적으로 많을 것 같습니다.
아침에 일어나서부터 집을 나서기 전까지는 누구나 시간에 쫓
기는 느낌을 받습니다. 대체로 '아침은 아무튼 바쁘고, 정신없
고, 허둥거리는 시간'이라는 선입견에 사로잡혀 있죠. 하지만
정말로 그럴까요?

저는 아침이야말로 다양한 일을 하며 느긋하게 활용할 수
있는 시간이라고 생각합니다. 앞서 말했듯이 아침을 어떻게 여

느냐에 따라 하루가 달라집니다. 보람 있고 훌륭한 하루가 되기도 하고 '되는 일이 하나도 없는' 후회스러운 하루가 되기도 합니다.

하루하루가 쌓여 우리의 인생이 됩니다. 그런데 오늘이 어떤 하루가 될지를 결정하는 중요한 열쇠를 바로 아침이 쥐고 있죠. 그러니 아침이야말로 거시적으로 볼 때 인생 전체를 좌우합니다.

그렇다면 '아침은 아무튼 정신없고 바쁘다.'는 선입견을 잠시 내려놓고 순수한 관점으로 아침이 어떤 시간인지 생각해봅시다. 일단 잠에서 깨어나는 순간부터 아침이 시작됩니다. 전날의 피로는 잠을 자면 어느 정도 풀리지요. 즉 아침은 몸의 피로가 말끔히 회복된 시간입니다.

그렇다면 마음은 어떨까요? 전날 밤 잠들기 전에 마음속에 고민이나 어떤 감정의 응어리가 남아 있었다 해도, 몸이 휴식을 취하고 뇌도 쉬면서 그런 감정은 희미해지거나 자취를 감춥니다. 아침에 일어나면 마음도 어느 정도 가벼워진 상태라고 할 수 있겠지요. 바꿔 말하면 '마음이 새롭게 태어났다.'고 할 수 있습니다. 한마디로 몸도 마음도 회복되어 새로워진 시간이 아침입니다. 몸과 마음이 동시에 최고의 컨디션을 유지하는 시간이지요.

그런 최상의 컨디션을 가진 귀중한 아침을 그저 바쁘고, 정신없고, 허둥거리며 다 보내버리다니 이보다 더 아까운 일이 또 있을까요? 모처럼 정돈된 컨디션을 아무렇게나 낭비하는 것과 같습니다.

하루 종일 업무에, 사람에 시달리고 이런저런 일정을 바쁘게 소화해내느라 밤에는 무척 피곤합니다. 체력도 떨어져 있고, 당연히 활기와 집중력도 남아 있지 않습니다. 그런 컨디션으로는 무엇을 해도 효율이 오를 리 없습니다. 같은 일을 해도 시간이 더 오래 걸리고 성과가 좋지 않죠.

업무에 필요한 자료를 읽어도 집중력이 떨어져 웬만해서는 내용이 머릿속에 잘 들어오지 않습니다. 방 정리를 하려고 해도 의욕이 없고 체력도 떨어져 있으므로 대충대충 하게 됩니다. 당연한 결과입니다.

하지만 그 일을 아침에 해보면 어떨까요? 집중력도, 의욕도, 체력도 넘쳐흐르는 아침에는 밤과는 비교도 안 되게 좋은 결과를 얻을 것입니다. 밤에 1시간 이상 걸렸던 일도 아침이라면 10분 만에 해결됩니다. 저는 지금까지 살아오면서 매일 아침 그런 경험을 하고 있습니다. 한마디로 아침은 하루 중 '가장 효율이 좋은 시간'입니다.

하루하루가 쌓여 우리의 인생이 됩니다.
그런데 오늘이 어떤 하루가 될지를 결정하는
중요한 열쇠를 바로 아침이 쥐고 있죠.
그러니 아침이야말로 거시적으로 볼 때 인생 전체를 좌우합니다.

몸도 마음도
원점으로
리셋

○
○
○
○

　　　　　　　　아침에 눈을 뜨면 새로운 하루
가 시작됩니다. 새로운 하루, 새로운 생명을 받아서 감사한 느
낌을 충분히 느끼며 살고 있습니까? 중국 고전《대학》에 이런
말이 나옵니다.

　구일신 苟日新, 일일신 日日新, 우일신 又日新

　　사람은 매일 새로워지므로, 항상 행동을 새롭게 하고 더욱
나은 모습이 되도록 노력하라는 의미입니다. 이 말의 의미를

다시 생각해보면 '사람은 매일 아침 새롭게 깨어난다.'입니다. 아침마다 새로운 생명을 받아 새롭게 태어나는 것이죠. 일상에서 '새롭게 태어나는 느낌'을 갖기 위해서는 자연을 접하는 것이 가장 좋은 방법입니다.

생각해보면 현대인은 점점 자연으로부터 멀어져갑니다. 요즘은 집이든 직장이든 냉난방이 완비되어 있어 여름의 더위와 겨울의 추위를 피부로 느낄 일이 거의 없어졌습니다. 사계절의 변화를 직접 느낄 일이 거의 없는 생활을 하고 있다고 해도 과언이 아닙니다. 사계절의 변화야말로 우리가 누릴 수 있는 자연의 묘미 중 최고인데도 말입니다. 자연을 느낄 수 없는 환경에서 생활하다 보면 아침에 일어났을 때 자신이 새로워졌다는 느낌은 당연히 갖기 힘듭니다.

사람이 자연과 하나가 되어 자연의 일부로 생활하던 시절에는 삶이 지금과 많이 달랐습니다. 해가 뜨면 일어나 낮 동안에 각자에게 주어진 활동을 하며 땀을 흘리고, 저녁 무렵에 일을 끝내고 귀가해 밤이 깊어질 때쯤 잠드는 생활리듬을 유지했습니다. 그런 시대에는 새로운 아침을 맞을 때 사람도 원점으로 되돌아가 새로워지는 감각을 느꼈을 것입니다.

그런데 현대 사회에서 그런 식으로 자연의 리듬에 따라 사는 일은 거의 불가능합니다. 산에 들어가서 혼자 은둔생활을 한다면 모를까 도시에서는 어림없죠. 하지만 잠깐이라도 자연을 접하면 매일 새로워지는 감각을 되살릴 수 있습니다.

자연은 계절마다 제각각 다른 색깔을 보여줍니다. 그런데 하루 중에서 계절 변화가 가장 짙게 드러나는 시간이 바로 아침입니다. 문을 열고 밖으로 나가 자연 속에 몸을 두면, 자연과 하나가 되는 감각을 느낄 수 있습니다.

자연과 하나가 되는 감각을 통해 사람도 자연의 일부라는, 영원히 변하지 않는 진리를 깨닫습니다. 이것이 생명의 원점입니다. 자연을 접하는 아침 시간은, 우리를 원점으로 되돌려주는 시간입니다.

몸도 마음도 원점으로, 다시 말해 완전히 새로운 상태로 되돌아갈 수 있습니다. 그야말로 아침이기 때문에 가능한 일이고, 아침에 해야 할 가장 중요한 일입니다. 아침 시간을 허둥지둥 날려버리는 일은 원점으로 돌아갈 수 있는 기회를 스스로 버리는 일이나 다름없습니다.

완전히 새롭게 시작하는 하루와 전날의 이런저런 고민과 상처를 질질 끌고 와서 시작하는 하루는 전혀 다른 날이 됩니다. 더 이상 설명할 필요도 없겠지요. 아침을 완전히 새로워지는 시간으로 충분히 활용해보세요.

아침에 우리는 몸도 마음도 원점으로, 다시 말해
완전히 새로운 상태로 되돌아갈 수 있습니다.
'원점에서 새롭게 시작하기',
그야말로 아침이기 때문에 가능한 일이고,
아침에 해야 할 가장 중요한 일입니다.

온전히
나만을
위해

　

누구에게나 하루 24시간이 평등하게 주어집니다. 만약 여러분이 8시간 잔다면, 남은 16시간은 다양한 활동을 하면서 보냅니다. 그렇다면 잠자는 시간을 빼고 온전히 나만을 위해 자유롭게 사용할 수 있는 시간은 얼마나 될까요?

일단 직장인이라면 직장에 있는 시간 동안에는 일을 합니다. 상사의 지시를 듣거나, 회의를 하는 등, 회사의 방침에 따라 움직이죠. 이 시간은 자유롭게 사용한다고 할 수 없습니다.

그 외의 시간은 어떨까요? 퇴근 후에 친구도 만나고 운동이나 공부 등 개인적인 자기계발도 할 것입니다. 그런 개인적인 시간은 완전히 자유로운가요? 만약 연인이나 친구와 함께 시간을 보내고 있다면 나름대로 상대를 신경 써야 합니다. 하고 싶지 않은 것을 해야 할지도 모릅니다. 나는 초밥이 먹고 싶은데 상대방이 스파게티를 먹자고 하면, 그냥 그 의견을 따르기도 합니다. 듣고 싶지 않아도 상대방이 털어놓는 불평을 들어야 할 때도 있고요.

상대에 대한 배려와 내 의지와는 상관없는 일이 뒤섞인 시간을 진정한 의미에서 자유롭게 보낸다고 할 수 있을까요? '자신에 의한, 자신을 위한' 시간일까요?

"그렇게 따지면 자유롭게 쓸 수 있는 시간 따위는 존재하지 않는 것 같은데요….'

이런 목소리가 들려오는 듯합니다만, 사실은 존재합니다.

바로 아침 시간입니다. 물론 밤에 집에 돌아갔을 때도 혼자만의 시간을 보낼 수 있겠지만, 밤에는 회사 동료나 친구, 연인이 전화, 문자 등으로 연락해올 가능성이 높습니다. 나만을 위한 자유로운 시간을 방해받기 쉽죠.

하지만 아침에는 집안에 안 좋은 일이 생기거나 돌발적인 사태가 일어나지 않는 한 외부에서 연락 올 일이 거의 없습니다. 그 무엇도 방해하지 않는, 온전히 나 '자신에 의한, 자신을 위한' 시간을 보낼 수 있습니다.

게다가 앞에서도 이야기했듯이 아침에는 몸과 마음의 컨디션이 최고입니다. 몸을 써야 하는 일은 물론이고 머리를 써서 골똘히 생각을 정리하는 일에도 가장 잘 집중할 수 있습니다. 아침 시간의 그 집중력이란 몸과 마음에 피로가 쌓인 밤과는 전혀 다릅니다. 그런 의미에서 아침이야말로 온전히 나만을 위해 자유롭게 보낼 수 있는 귀중한 시간입니다.

이 사실을 깨닫는 것만으로도 아침 시간을 대하는 자세와 사고방식이 확실히 달라집니다. 아침이 그 무엇보다 가장 귀중한 시간이라는 생각이 들 것입니다. 그만큼 귀중하다면 1초도 낭비할 수 없다는 마음이 생기고, 그 시간을 알차게 보내는 방법도 진지하게 고민하겠죠. 지금보다 더 다양한 활용 방법이 떠오를지도 모릅니다. 이것이 아침 시간을 충실하게 보내는 출발점입니다.

아침이 변하면 하루의 흐름이 변하고 생활 스타일이 변합니다. 이러한 변화는 틀림없이 인생을 좋은 방향으로 이끌어주고 행운을 불러옵니다. 변화의 첫걸음을 조금이라도 더 빨리 내딛어보세요.

모든
생명이 깨어나
자연을 만난다

○
○
○
○

앞에서 말했듯이 인간도 자연의 일부입니다. 그 점에 대해서 조금 더 깊이 생각해봅시다. 자연은 일정한 주기에 따라 움직입니다. 사계절의 변화가 대표적인 모습입니다. 봄이 오면 싹이 움트고 꽃이 피고, 여름에는 녹음이 짙어지고 잎이 무성해집니다. 가을에는 단풍이 곱게 물들고, 겨울이 되면 나뭇잎이 떨어져 대지로 돌아갑니다.

사계절의 변화는 매년 누구나 겪으며 지냅니다. 그렇다면 무엇이 그 변화의 주기를 만들어낼까요? 자연의 주기는 당연히 인위적으로 만들어지는 것은 아닙니다. 인간의 능력으로는 어림도 없는, 사람의 지혜를 뛰어넘는 거대한 힘이 자연의 주기를 만들어냅니다.

불교에서는 그 고귀한 힘을 '불성佛性' 혹은 '불佛'이라고 부릅니다. 세상 사람들은 '우주의 진리'라고 표현하기도 하지요. 온갖 사물과 현상, 즉 삼라만상은 그 대우주의 진리가 만들어내는 주기 속에서 생명을 부여받습니다.

인간도 예외가 아닙니다. 자연의 다른 모든 것들과 마찬가지로 우리도 생명을 부여받았습니다. 이것은 인간이 자연의 일부라는 사실을 가장 직접적으로 알려주는 증거입니다. 하루가 24시간 주기로 돌아가는 것도 인간의 재량을 뛰어넘은 대우주의 진리가 작용한 결과입니다. 자연은 이 주기를 정확하게 따릅니다. 여름을 상징하는 꽃인 나팔꽃은 아침에 꽃을 피우지요. 자연의 주기를 거스르며 밤에 피는 일은 없습니다.

그런데 사람은 어떤가요? 주기에서 벗어난 유일한 자연이 바로 인간 아닐까요? 문명이 발전함에 따라 생활이 빨라지고 편리해지면서 사람들은 밤늦도록 분주합니다. 원래 일을 마치고 휴식을 취할 시간인데 말입니다. 요즘은 밤새워 일하고 해가 뜰 무렵부터 잠드는 사람도 드물지 않습니다. 낮과 밤이 바뀐 것이죠. 물론 직종이나 업무 환경은 사람마다 다르므로 어쩔 수 없이 그런 생활을 해야 하는 사람도 있겠지요.

하지만 그런 특수한 상황이 아니라면 가능한 자연의 주기에 따르는 생활을 권합니다. 해가 뜨는 시간에 맞춰 일어날 필요까지는 없겠지만, 집에서 나와야만 하는 시간 직전까지 잠을 자다가 그야말로 눈곱만 떼고 허둥지둥 뛰쳐나오지는 않습니까? 창문 한 번 열어보지 않고 말이죠. 이렇게 자연의 주기를 무시하고 아침을 느낄 짬도 없는 생활은 역시나 몸과 마음의 건강에 그다지 좋지 않습니다. 언젠가는 자연을 거스른 대가를 치러야 합니다.

어떤 계절이라도 공기와 바람과 풍경이 가장 상쾌한 시간은 바로 아침입니다. 우주의 진리가 선사하는 상쾌함을 직접 느껴보면 어떨까요? 자연의 주기를 따르는 생활은 인간 본래의 모습인 '자연과 하나인 자신'으로 되돌아가는 순간부터 시작됩니다. 바로 그 순간에, 그 무엇에서도 느끼지 못했던 특별한 행복을 분명히 느낄 수 있을 것입니다.

인간은 자연의 일부입니다.
자연의 다른 모든 것들과 마찬가지로 우리도 생명을 부여받았지요.
하지만 자연의 주기에서 벗어난 유일한 자연이 바로 인간 아닐까요?
언젠가는 자연을 거스른 대가를 치러야 할지도 모릅니다.

1년에 180시간,
선물 같은 시간의
재발견

○
○
○
○

아침 시간을 활용하기 위해 반드시 필요한 조건은 '일찍 일어나기'입니다. 그런데 일찍 일어나라는 이야기를 들으면 인상부터 찌푸리는 사람이 많습니다. 아침에 조금이라도 더 자기 위해서 다들 얼마나 고군분투합니까? 아마 이것은 인간이라면 누구나 갖는 공통된 열망일 것입니다.

여러분은 기상 시간을 어떻게 정합니까? 대부분 집을 나서야 하는 시간에서 거꾸로 계산해 기상 시간을 정하지 않습니까? 나가려면 반드시 해야만 하는 일을 꼽아봅시다. 제일 먼저 세수나 샤워를 합니다. 요즘은 아침을 먹지 않는 사람도 많지만, 가능하면 아침 식사도 하는 것이 좋겠지요. 그리고 옷을 입고 가방을 챙겨 나갈 준비를 합니다. 많은 사람들이 이 시간들을 고려해서 기상 시간을 정합니다.

"세수 10분, 아침 식사 20분, 옷을 입고 화장하는 시간이 30분이니까 다 더하면 1시간. 8시에는 반드시 집에서 나가야 하니까 7시에 일어나면 되겠어." 이런 식이죠. 하지만 기상시간을 이렇게 정하면 꼭 해야만 하는 일을 겨우 해치울 뿐 '아침 시간을 활용할 여유'는 없습니다. 여유 시간을 확보하기 위해서는 조금 일찍 일어나는 수밖에 없습니다. 그렇다고 7시에 일어나던 사람에게 5시에 일어나라고 하는 것은 아닙니다. 그저 30분만 일찍 일어나면 충분합니다.

"겨우 30분으로 대체 뭘 할 수 있죠?" 이런 생각이 절로 들겠지요. 앞으로 더 자세히 이야기하겠지만, 30분이라는 시간은 생각보다 깁니다. 여러분 스스로를 변화시키고 발전시키기에 충분합니다. 예를 들어 30분을 하루의 업무 흐름을 파악하고 준비하는 시간으로 정했다고 해봅시다. 그러면 사무실에 도착했을 때는 이미 해야 할 일의 순서가 머릿속에 정리되어 있습니다.

"우선 거래처 A씨와 미팅 약속을 잡고, 그 후에 기획서 작성에 필요한 데이터를 수집하고 오후부터 입력하자."

이렇게 생각을 해두면, 책상에 앉자마자 곧바로 업무를 시작할 수 있습니다. 책상에 앉아 한동안 멍하게 '오늘은 뭘 해야 하더라? 앗, 미팅 약속을 잡아야지….' 하고 뒤늦게 업무 일정을 떠올릴 필요가 없습니다.

만약 오전에 회의가 있다면 아침 30분 동안에 어떤 의견을 말할지 정리해둡니다. 그러면 자신감을 갖고 회의에 참석해 내 의견을 분명히 말할 수 있죠. 아무 준비 없이 들어갔다가 상사가 의견을 물어볼 때 당황하는 일은 결코 없을 것입니다.

스스로도 부끄럽겠지만 주변 사람들 역시 그 차이를 분명히 알아챕니다. 전자는 "저 직원은 일 처리가 빠르고 시원시원해. 회의 때도 항상 적극적이군." 하며 칭찬받지만, 후자는 "저 직원은 어째서 저렇게 일 진행이 느리지? 회의 때도 쓸데없는 얘기만 하고…." 하는 무능한 인상을 줍니다. 요컨대 아침 30분으로 업무에 임하는 자세가 이렇게 달라집니다. 불교에는 이런 말이 있습니다.

선인선과 善因善果 악인악과 惡因惡果

이 말은 좋은 인연을 맺으면, 즉 좋은 행동을 하면 좋은 결과가 주어지고, 나쁜 인연을 맺으면 나쁜 결과가 주어진다는 의미입니다. 아침 시간 30분을 알차게 활용하는 것, 아침을 의미 있게 보내는 것이야말로 우리가 맺을 수 있는 가장 '좋은 인연'입니다. 하루의 시작인 아침에 맺은 좋은 인연은 연쇄반응을 일으켜 도미노처럼 차례차례 좋은 결과를 불러 옵니다.

매일 30분씩 1년이면 무려 180시간을 활용할 수 있습니다. '아침 시간은 입에 황금을 물고 있다.'는 서양 속담이 있는데요, 아침 시간의 귀중함은 '황금'에 비할 바가 아닙니다. 인생이 전혀 다르게 채워집니다.

몸과 마음은
둘이 아닌
하나여야

○
○
○
○

몸과 마음은 서로 밀접한 관계가 있습니다. 마음, 즉 머릿속이 흐리멍덩할 때는 몸을 움직이는 힘, 즉 활력도 떨어집니다. 반대로 몸이 피곤할 때는 마음의 힘, 기운, 의욕, 나아가서는 용기마저도 사라집니다.

신심일여 身心一如

이 말은 몸과 마음은 둘이 아닌 하나라는 의미입니다.
이런 경험을 해본 적 있지요? 연인과 헤어지고 실의에 빠졌을 때는 일이나 공부를 하려 해도 몸이 마음처럼 움직여주지 않습니다. 집중도 안 되고 무기력해져 있다 보니 일에 진척이 없습니다. 반대로 즐거운 일이나 기쁜 일이 생겨 기분이 들떠 있을 때는 몸도 가벼워지고 행동도 민첩해집니다.

그렇습니다. 몸과 마음은 서로 영향을 주고받습니다. 인생이라는 수레의 양쪽 바퀴처럼요. 그래서 몸과 마음을 항상 균형 잡힌 상태를 유지하는 것이 중요합니다. 그렇다면 어떻게 균형을 잡을까요? 그 비결 역시 아침에 있습니다.

아침에 알람이 울릴 때 '아악~! 벌써 일어날 시간이라니.' 이런 기분으로 이불에서 나온다면 어떨까요? 마음은 '더 자고 싶어, 조금만 더….' 합니다. 그래도 일어나야만 하니 부정적인 기분이 들겠지요. 그러면 나쁜 기분의 영향으로 몸도 무거워지고 둔해집니다. 세수도 대강대강, 식사도 어영부영 합니다.

그런 몸과 마음을 질질 끌고 회사에 갑니다. 출근하면서 상사나 동료를 만났을 때 밝고 활기찬 목소리로 아침 인사를 할 수가 있을까요? 아침부터 저조한 컨디션이 이어지면 내 위에만 먹구름이 낀 것처럼 활기도 없고 즐거움도 없는 우울한 하루가 되어버리겠죠.

반대로 이런 아침이라면 어떨까요? 알람이 울리자마자 '와, 또 새로운 아침이구나. 오늘도 날씨가 좋네. 좋아! 힘내자!'

하는 생각으로 벌떡 일어납니다. "아자!" 하고 기합을 한 번 넣으니 금세 마음이 긍정 모드로 바뀝니다. 좋은 기분은 몸에도 활력을 불어넣어줍니다. 일어나서 가벼운 스트레칭을 하니 온몸의 혈액순환도 좋아지고, 몸과 마음이 함께 달려 나갈 만반의 준비가 갖춰집니다. 다시 말해 '대강대강, 어영부영'이 '빠릿빠릿, 또릿또릿'으로 돌아섭니다.

그렇게 시작한 하루가 어떤 하루가 될지는 길게 설명할 필요도 없겠지요. 회사에 출근해서도 누구보다 먼저 밝고 활기차게 인사하게 되고, 업무도 적극적으로 시원시원하게 진행할 수 있습니다.

아침 시간은, 운동으로 말하면 워밍업입니다. 아무리 뛰어난 선수라도 워밍업을 소홀히 하면 좋은 결과를 낼 수 없습니다. 부상 위험도 커지고요. 워밍업을 공들여 꼼꼼히 해야만 경기에 나가 자신의 능력을 유감없이 발휘할 수 있습니다. 아침 시간은 하루라는 도미노의 첫 시작입니다. 긍정을 선택할지 부정을 선택할지는, 바로 여러분의 마음에 달려 있습니다.

여러분은 오늘 아침에 어떤 모습이었습니까? 워밍업이 잘 되어 있습니까? "끙…." 하는 괴로운 신음 소리를 내는 사람이 적지 않을 것입니다. 쇠뿔도 단김에 빼야 하듯이 당장 내일 아침부터 바꿔보면 어떨까요.

아침 시간은 하루라는 도미노의 첫 시작입니다.
긍정을 선택할지 부정을 선택할지는,
바로 여러분의 마음에 달려 있습니다.

2장

넓은 바다도 근원은 물 한 방울이고 높은 산 역시 시작은 한 줌의 흙입니다. 인생이라는 긴 세월도 결국 하루가 차곡차곡 쌓이고 이어지면서 완성됩니다. 한 땀 한 땀 바느질이 멋진 작품을 만드는 것처럼. 인생의 근원은 하루입니다.

운 좋은 아침이
'운 좋은 하루'를 만든다

좋은 아침이 모여
좋은 인생이 된다

○
○
○
○
○

　　　　　　　　행복이 뭘까요? 사람마다 가치
관이 다르므로 대답도 각기 다릅니다. '경제적 풍요'라는 사람
도 있고, '가족 간의 유대감'이라는 사람도 있고, 일에서 좋은
성과를 냈을 때 행복을 느끼는 사람도 있습니다.

　　하지만 궁극의 행복은 인생의 만년에 이르러 피안彼岸으로
건너갈 때 '내가 할 수 있는 모든 일은 충분히 하며 살았어. 정
말로 충실하고 좋은 인생이었어.'라는 생각이 드는 것 아닐까
요. 삶에 충실감을 느낄 때 우리는 그 어느 때보다도 더 마음이
풍요로워지고 행복해집니다.

그렇다면 인생이 충실해지려면 어떻게 해야 할까요? 일본 조동종曹洞宗의 창시자인 도겐道元 스님이 이런 말을 했습니다.

　　"한없이 넓고 깊은 바다도 작은 물방울이 모여 이루어지지 않았는가. 아주 사소한 일이라도 남에게 맡겨둬서는 안 된다. (중략)
　　거대한 산도 한 줌 흙이 쌓이고 쌓여 이루어진 것이다.
　　거대한 산에 있는 한 줌 흙과 같이 작은 일이라도
　　스스로 거듭 쌓아가야만 하지 않겠는가."

　《전좌교훈典座教訓》이라는 책에 나오는 한 구절입니다. '전좌'란 식사와 관련된 일을 담당하는 선승입니다. 전좌가 갖춰야 할 마음가짐에 대해 도겐 스님은 위와 같이 이야기했습니다.
　　넓은 바다도 근원은 물 한 방울이고 높은 산 역시 시작은 한 줌의 흙입니다. 사소해 보이는 물 한 방울과 흙 한 줌이 모이고 쌓여 웅장한 모습이 됩니다. 작은 일도 소홀히 여기지 않고 정성껏 다루는 것이야말로 무엇보다 중요하다고 선승은 말합니다. 어떻습니까? 인생을 충실하게 만들어줄 힌트를 발견했습니까?
　　인생이라는 긴 세월도 결국 하루가 차곡차곡 쌓이고 이어지면서 완성됩니다. 고운 비단을 만드는 한 올 한 올의 실처럼,

예쁜 자수를 완성하는 한 땀 한 땀의 바느질처럼, 인생의 근원은 하루입니다. 그러니 인생 전체를 충실히 보내기 위해서는 한 방울의 물, 한 줌의 흙에 해당하는 '하루'를 소중히 해야 합니다. 하루가 충실하지 않으면 인생이 충실해지지 않습니다. 그리고 그 '충실한 느낌'을 맛보며 하루를 마무리하기 위해서는 아침을 어떻게 여느냐가 중요합니다.

마라톤과 같은 장거리 경기에서는 중반까지 힘을 아껴두었다가 후반에 전력질주해 승부를 보는 전략이 성공하기도 합니다. 하지만 똑같은 장거리 경기라고 해도 '인생'에는 이런 전략이 통하지 않습니다. 아침을 아무렇게나 보내고 오후부터 모든 일을 열심히 한다 한들 과연 그날 하루 전체가 충실해질까요? 지나가버린 시간은 되돌리거나 고치지 못합니다. 오후에 아무리 최선을 다해도 '얼렁뚱땅 보내버린 아침'을 메우지는 못합니다.

'충실한 하루'는 아침에 달려 있습니다. 어떻게 하면, 무얼 하면 '충실한 느낌'이 들까요? 생각해보세요. '충실한 느낌'을 키워드 삼고 아침을 보내는 방법을 마음속에 그려보십시오. 그리고 그 방법을 실천해보기 바랍니다. 아침을 충실하게 보내면 분명 인생 전체가 충실해지는 느낌을 받을 것입니다.

넓은 바다도 근원은 물 한 방울이고
높은 산 역시 시작은 한 줌의 흙입니다.
사소해 보이는 물 한 방울과 흙 한 줌이 모이고 쌓여
웅장한 모습이 됩니다.
작은 일도 소홀히 여기지 않고 정성껏 다루는 것이야말로
무엇보다 중요합니다.

아침의 작은 성취가
온종일
자신감을 준다

○
○
○
○
○

요즘 여러분은 마음의 여유가 있습니까? 마음의 여유가 없으면 업무는 물론이고 인간관계도 편치 않습니다. 조급한 마음으로 일을 하면 당연히 실수가 잦아지고 잘못된 판단을 내릴 확률도 높아집니다. 인간관계도 마찬가지입니다. 내 의도가 제대로 전달되지 않아 오해가 생깁니다. 상처를 주거나 상대방을 화나게 할 수도 있고요. 언제 어떤 일을 하더라도 '마음의 여유'를 잃어서는 안 됩니다.

그런데 '마음의 여유'는 어디에서 올까요? '여유'의 근간을 이루는 요소는 여러 가지가 있습니다. 그중에서 가장 중요한 것

두 가지를 꼽자면 성취감과 만족감입니다. 어떤 일을 똑 부러지게 완수한 후에 느끼는 성취감과 거기에 따라오는 만족감은 마음에 자신감을 심어줍니다. 그 자신감에서 여유가 나오지요.

주위를 살펴보면 여유가 느껴지는 사람이 있을 것입니다. 그 사람들의 공통점을 생각해보세요. 여유 있는 사람들은 대부분 자신감이 넘칩니다. 일에 대한 자신감, 살아가는 방식에 대한 자신감, 사람으로서 갖춰야 할 기량에 대한 자신감…. 이런 자신감에서부터 여유로운 행동이나 분위기가 나옵니다.

그리고 자신감의 바탕에는 틀림없이 '이만큼 완수했다.' 혹은 '이런 시련을 잘 극복했다.' 하는 성취감과 만족감이 있습니다. 다시 한 번 정리하자면, 성취감과 만족감이 자신감을 불러오고 자신감은 여유를 불러옵니다. 이런 선순환에 올라타기 위해서는 우선 성취감을 얻기 위해 노력해야겠지요.

무언가 대단한 일이 아니어도 좋습니다. 성취감을 느끼는 기본 방법은 '해야 할 일을 확실히 하는 것'입니다. 중국 당나라 시대에 살았던 조주종심趙州從諗이라는 선승의 이야기 중에 '조주세발趙州洗鉢'이라는 말이 있습니다. 그 말이 탄생한 일화를 소개하겠습니다.

한 수행승이 조주 선승에게 물었습니다.

"스승님, 수행할 때 무엇이 중요합니까?"

"그런데 자네, 아침은 먹었는가?"

"예. 먹었습니다."

"그렇다면 자네가 사용한 발우를 씻으시게."

이 말을 듣고 수행승은 눈이 번쩍 뜨였다고 합니다.

이게 무슨 의미인지 쉽게 이해가 되지 않을 것입니다. 밥을 먹었다면 그다음에 할 일은, 바로 사용한 그릇을 씻는 일입니다. 그렇다면 내가 해야 할 바로 그 일을 하면 됩니다. 수행의 요점은 어려울 것이 하나도 없습니다. '수행은 그 순간에 해야 할 일을 해나가는 것뿐'이라고 이 일화는 이야기합니다.

여러분은 어떤가요? 아침을 먹은 후에 그릇을 싱크대에 가져다두기는 하지만 "시간이 없네. 설거지는 저녁에 돌아와서 해야지." 하며 뒷정리를 미뤄버리지 않습니까? 즉 해야 할 일을 하지 않은 채로 집을 나섭니다. 바쁜 현대인들은 대부분이 그럴 것입니다. 아침을 먹는 것 자체가 불가능한 형편인데 설거지까지 하라니요. 말도 안 된다고 생각할 것입니다.

하지만 이렇게 뭔가 '할 일을 남겨뒀다.'는 느낌은 집을 나온 후에도 계속 마음 한 구석에 찜찜하게 걸려 있습니다. 여러분이 의식하든 의식하지 못하든 간에 말입니다. 낮에 일을 하다가 문득 '설거지를 안 하고 그냥 나와버렸네.' 혹은 '집에 가면 설거지해야 되는데…. 아, 피곤해. 귀찮아.'라는 마음이 솟아납니다. 사람은 마음에 걸리는 일이 있으면 집중력이 흐트러지고 여유도 없어집니다. 그런 상태로는 업무든 인간관계든 전력을 다하지 못합니다.

식사 후 뒷정리뿐만이 아닙니다. 아침에 해야 할 일을 모두 말끔하게 끝내는 것이 중요합니다. 남겨둔 일이 하나도 없다는 '성취감'이 하루를 여유롭게 보내는 원동력이 됩니다.

"그렇기는 한데 그래도 아침에는 시간이 없는 걸요…."

이런 생각은 변명일 뿐입니다. 조금만 일찍 일어나면 문제는 단번에 해결됩니다. 설거지든 이불 정리든, 아주 작은 것 하나라도 아침에 성취감을 느껴보세요. 아침에 느끼는 것이 중요합니다. 아침에 느낀 작은 성취감이 하루 종일 마음에 얼마나 큰 여유를 선사하는지 직접 느껴보면 아마 깜짝 놀랄 것입니다.

일찍
시동을 걸수록
몸도 마음도 가볍다

○
○
○
○
○

　　　　　　일본에는 세계에 자랑할 만한
아침 행사가 있습니다. 바로 '라디오 체조'입니다. "고작 라디오
체조라고요?" 하고 실망하는 사람도 있겠지만, 일본의 많은 기
업 현장에서는 아직도 아침에 라디오 체조를 합니다. 체조 후
에 조회를 하고 하루를 시작하는 것입니다. 저는 라디오 체조
덕분에 일본 기업들이 정밀한 기술력을 갖게 되었다고 생각합
니다.
　　체조를 하면 몸도 마음도 깨어납니다. 몸과 마음이 깨어나
야 움직일 준비, 즉 업무에 돌입할 태세가 갖추어집니다. 이렇

게 체조로 몸과 마음을 깨운 후에 조회를 하면서 그날 하루 일정과 업무 정보를 모두가 공유합니다. 예를 들어 건설 현장에는 자재를 운반하는 대형 트럭이 빈번하게 드나들고, 여러 가지 위험한 작업이 많습니다. 그런 곳에서 체조로 몸과 마음을 단단히 준비하고 만반의 태세를 갖춘다는 것은 일의 효율을 높이고 안전을 확보하는 좋은 방법입니다.

여러분도 아침 체조로 몸과 마음을 깨워보면 어떨까요. 라디오 체조가 아니어도 상관없습니다. 아침에 적당한 스트레칭으로 몸을 깨우면 하루의 움직임이 눈에 띄게 가벼워집니다.

멈춰 있던 수레바퀴를 움직이려면 많은 힘이 필요합니다. 하지만 일단 움직이기 시작하면 그다음은 적은 힘으로도 자연스럽게 속도가 빨라지죠. 수레는 곧 바퀴자국을 선명히 새기며 부드럽게 굴러갑니다. 시동을 빨리 걸면 능력 발휘도 빨라집니다.

잠이 덜 깬 얼굴로 멍하게 회사에 출근해 그때부터 겨우 움직이기 시작한다면 오전에 적어도 1시간, 어쩌면 그 이상의 시간을 허비하게 됩니다. 몸과 마음을 업무 모드로 전환하느라고 말입니다. 반면 아침에 일찍 움직이기 시작하면 회사에 출근할 즈음에는 이미 생각도 행동도 어느 정도 가속이 붙은 상태여서 곧바로 업무에 몰입할 수 있습니다. 남들이 천천히 시동을 거는 시간에 곧장 일을 시작하니 활력이 넘치고 나의 역량을 최대한 발휘해 업무를 처리할 수 있습니다. 길어야 30분, 1시간 차이 아니냐고요? 그 차이를 무시하지 마세요. 앞에서도 말했지만, 매일 30분씩 모이면 어마어마하게 큰 차이가 벌어집니다. 예를 들어 출근하자마자 업무와 관련된 전화가 걸려왔다고 합시다.

"내일 미팅에 필요한 데이터를 지금 받을 수 있을까요?"

"아, 그렇지요. 음, 그러니까…, 지금부터 준비하면 퇴근 전에는 보내드릴 수 있을 것 같아요."

몸과 마음이 덜 깬 사람이라면 이렇게 대응할 것입니다. 하지만 몸과 마음이 이미 전력질주를 할 준비가 된 사람은 다음과 같습니다.

"네! 지금 바로 메일로 보내드릴게요!"

상대방은 분명히 전혀 다른 인상을 받습니다. 어느 쪽이 신뢰를 얻을지는 더 말할 필요도 없겠지요. 행동이 느리고 둔하면 신뢰가 떨어지고, 반대로 빠르고 가벼우면 믿음직스러울 뿐만 아니라 유능해 보입니다. 어떤가요? 여전히 '5분만 더 자고 싶어.'라는 유혹에 지고 싶은가요? 아니면 '일찌감치 움직이기 시작하는 아침 습관 만들기'에 돌입하겠습니까?

'습관이 바뀌면 인격이 바뀌고, 인격이 바뀌면 운명이 바뀐다.'

미국의 철학자이자 심리학자인 윌리엄 제임스William James가 남긴 말입니다. 습관이 변하고 나아가 인격이 변하면 업무를 비롯해 세상 모든 것을 대하는 방식도 변합니다. '행운은 준비된 마음에만 깃든다.'고 했던 이야기 기억하지요? 세상을 대하는 방식이 바뀌면 당연히 운명도 바뀝니다.

아침에 몸을 움직이는 습관은 하루 동안 우리가 해내는 모든 일에 민첩하고 가볍게 대응하게 만들어줍니다. 습관이 바뀌면 운명도 바뀐다고 했죠? 망설이거나 헤맬 필요가 없습니다. 이제, 실천만 남았습니다.

멈춰 있던 수레바퀴를 움직이려면 많은 힘이 필요합니다.
하지만 일단 움직이기 시작하면 그다음은
적은 힘으로도 자연스럽게 속도가 빨라지죠.
시동을 빨리 걸면 능력 발휘도 빨라집니다.

"오늘 하루도
생명을 주셔서
감사합니다!"

○
○
○
○

　　　　　　　"어휴, 벌써 아침이라니…. 오
늘도 하루 종일 일해야 하는구나…."

　　일어나는 순간부터 이런 '한탄'이 마음을 파고듭니까? 이런 사람이 적지 않을 것입니다. 그런데 여러분은 아침에 일어난다는 것의 의미에 대해 생각해본 적 있습니까?

　　"잠을 자고 나면 당연히 일어나는 것이지, 아침에 일어나는 것에 무슨 의미가 있죠?" 하고 되물을지도 모르겠습니다. 하지만 인간이 어떻게 태어나 어떻게 죽을지는 아무도 모릅니다. 나도 모르고 남도 모르고, 내가 혹은 남이 어떻게 할 수 있는 것도 아닙니다.

어떤 분은 건강이라면 늘 자신 있다고 말했는데, 그 건강 유지를 위해 평소와 다름없이 조깅을 하다가 심근경색으로 돌연사 했습니다. 뉴스를 보면 이런 사고는 드물지 않습니다. 또 평소와 다름없이 잠자리에 들었던 사람이 수면 중에 발작을 일으켜 다음 날 눈을 뜨지 못하는 일도 일어납니다.

평소와 다름없이 잠에서 깨어나 아침을 맞이하는 일은 결코 당연한 일이 아닙니다. 지금까지 이어온 소중한 생명을 하루 더 부여받은 것입니다. 오늘 받은 이 생명은 오래전부터 우리의 조상들이 이어온 것입니다. 조상들이 생명을 이어왔기에 지금 여러분이 여기에 있습니다.

잠깐이라도 좋으니 자신이 받은 생명에 대해 생각해보세요. 그러면 아침에 잠에서 깨어날 수 있었다는 사실에 진심으로 '감사'할 수 있습니다. 아침부터 '어휴, 오늘도….' 하는 한탄은 있을 수 없습니다. 아침에 제일 처음 반드시 해야 할 일은 바로 '감사'입니다. 새로운 하루에 대한 감사, 이것 외에는 없습니다.

"오늘도 생명을 주셔서 감사합니다. 이 생명을 세상을 위해, 남에게 도움이 되도록, 최선을 다해 사용하겠습니다."

아침은 본래 자신에게 이런 '맹세'를 들려주는 시간입니다.

그렇다면 생명을 최선을 다해 성심성의껏 사용하기 위해서는 어떻게 해야 할까요? 중국 당나라의 선승 서암사언瑞巖師彦에 얽힌 다음과 같은 일화가 있습니다.

서암사언은 매일 자신에게 "주인공인가?" 하고 물어보고 스스로 "예!" 하고 답했다고 합니다. 스님이 말씀하신 주인공은 이야기의 중심인물이라는 뜻이 아닙니다. 본래의 자신, 진정한 자신이라는 의미입니다.

즉 스님은 자신에게 "진정한 자신인가?"라고 물어보고 "예!"라고 답한 것입니다. 그리고 스님은 다시 자신에게 "확실히 깨어 있는가? 멍하게 있지는 않은가?"라고 묻고, 역시나 "예!" 하고 답했다고 합니다.

생명을 성심성의껏 사용하는 것, 다시 말해 최선을 다해 살기 위해서는 진정한 자신을 잃지 말고 확실히 깨어 있어야 합니다. 아침에 잠에서 깨어난 것에 감사하는 동시에 서암사언 선승이 했던 대로 마음속으로 "주인공인가?", "깨어 있는가?"라고 스스로에게 물어보면 어떨까요? 단 몇 초만 투자하면 됩니다. 이런 '아침 의례'는 여러분의 하루를 완전히 변화시킬 것입니다.

자연의 리듬에
몸과 마음을
맡겨라

○
○
○
○

봄은 꽃 / 여름 두견새

가을은 달 / 겨울 눈 해맑고 차가워라

이것은 도겐 선승이 읊은 시입니다. 어떤 시대에도 변함없이 돌고 도는 봄, 여름, 가을, 겨울. 계절마다 다른 제각각의 아름다움을 찬양한 시입니다. 이토록 사계절이 뚜렷하고 모든 계절의 깊은 정취를 느낄 수 있는 나라는 지구상에 드뭅니다. 그런 풍요로운 환경에 둘러싸여 있는데도 요즘 사람들은 계절을 직접 느끼지 못하고 살아갑니다. 날씨 앱이나 기상예보 뉴스를 통해 봄꽃 개화 정보로 봄을, 장마가 끝났다는 선언으로 여름의 시작을 알게 되고, 지도 위에 단풍 전선의 움직임으로 가을을, 첫눈 소식으로 겨울이 왔음을 압니다. 극단적인 표현 같지만, 현대인의 대다수는 몸과 마음이 아닌 '정보'를 통해 계절을 느낍니다. 계절감조차도 '가상현실'이 되어버린 것 아닐까요?

영원불변한 자연의 리듬이 돌고 도는 것, 그것이 바로 사계절입니다. 봄은 길가에 핀 제비꽃에 나타납니다. 짧은 생이 아쉬운 듯 세차게 우는 매미소리는 여름 그 자체입니다. 길에 쌓인 낙엽에는 가을이 오롯이 담겨져 있습니다. 소복소복 내리는 눈송이 역시 겨울 그 자체입니다. 여러분은 자연을 오감으로 받아들이고 있습니까? 냄새, 촉감, 소리로 사계절을 느낍니까? 계절은 정보가 아닌 몸으로 느끼는 것입니다.

자연을 오감으로 느끼며 생활하면 자연의 리듬이 삶의 리듬이 됩니다. 자연의 리듬이 생활 속에 들어오면 사물을 보고 느끼는 방식이 변합니다. 지금까지는 못 보고 그냥 지나쳤던 작은 꽃 한 송이에도 눈길이 머무릅니다.

"아, 지금 내가 봄 한가운데 있어. 나라는 생명이 봄과 함께 살아 있구나." 하면서 '살아 있는' 느낌을 생생하게 느낍니다. 가을이면 낙엽을 밟는 감촉을 통해 가을과 하나가 됩니다. 감성이 풍부해진다고 말하면 이해하기 더 쉽겠지요.

자연과 하나가 되기 위해서는 생활 속에서 자연을 관찰하는 것이 중요합니다. 가까운 곳에 공원이 있다면 아침에 10분만이라도 산책해보세요. 자연은 잠시도 머무르지 않고 변해갑니다. 그래서 그때그때 새로운 모습을 발견할 수 있습니다. "앗, 꽃봉오리가 어제보다 부풀었어.", "단풍 색이 훨씬 진해졌네." 이렇게 말이지요.

자연의 변화를 느끼는 것은 여러분의 삶에 자연의 리듬이 들어왔다는 이야기입니다. 주거환경이 자연에서 멀리 떨어져 있다 해도 실내 정원을 꾸미거나 작은 화분을 키우며 변화를 관찰할 수 있습니다. 자연의 리듬이 내 삶 속으로 들어오는 것, 바꿔 말해 감성을 풍부하게 키워가는 것은 우리가 인간으로서 죽을 때까지 아름답게 살기 위한 필수조건입니다. 특히 아침에, 즉 자신만의 고요한 시간에 자연의 리듬을 느껴보는 것은 무척 중요합니다.

그저 멍하니,
아무것도 하지 말고
잠시만

○
　○
　　○
　　○

　　　　　　　　　스님들은 수행 기간에 아침 일
찍 효천좌선曉天坐禪을 합니다. 일과로 정해져 있어 매일 해야
하는 좌선입니다. 좌선으로 마음을 깨끗하고 온화하게 한 후
그날 하루의 수행에 집중하기 위해서입니다.

　"스님은 좌선할 때 어떤 생각을 하시나요?"

　저는 이런 질문을 자주 받습니다. 아마도 사람들은 스님
들이 좌선할 때 부처에 대해 생각하거나 지나온 세월과 앞으로
나아갈 미래에 대해 생각한다고 예상하는 것 같습니다. 하지만
그 질문에 대한 답은 '아무것도 생각하지 않는다.'입니다.

지관타좌 只管打坐

이 말은 '그저 오로지 앉아 있다.'는 의미입니다. 어떤 목적이 있어서 앉는 것이 아니라, 앉는 것 그 자체가 목적이고 전부입니다. 앉아 있는 것 자체를 철저하게 추구하는 것입니다. 그런데 이렇게 앉아 있으면 마음속에 온갖 생각이 끓어오릅니다.

수행을 막 시작했을 무렵에 저는 조금만 오래 앉아 있어도 다리가 아팠습니다. 게다가 수행 기간에는 지극히 검소하게 식사를 하기 때문에 시도 때도 없이 공복감이 덮쳐왔습니다. 그러고 싶지 않아도 '다리 아파.', '아, 배고프다.' 하는 마음이 듭니다. 하지만 그 마음을 담아두지 않고 흘려보냅니다.

담아두지 않기 때문에 마음이 다리의 통증이나 공복감에 휘둘리지 않습니다. 내버려두면 그런 기분은 머지않아 사라져 갑니다. 떠오르면 떠오르는 대로, 사라지면 사라지는 대로 마음에 맡겨둡니다.

'생각하지 않는다.'는 바로 이런 것입니다. '무심無心'도 다르지 않습니다. '무심' 상태가 되면 평소에는 모르고 지나쳤던 산들바람, 작은 새들의 지저귐이 느껴지고 들립니다. 무심이 되면 마음이 무척 가벼워집니다. 그 가벼운 기분에 몸과 마음을 내맡긴 상태가 '그저 오로지 앉아 있는 것'입니다.

가벼워진 마음에는 상쾌함과 온화함이 들어옵니다. 여러분도 아침 좌선을 해보세요. 다만 경험이 없는 사람은 좌선을 시작하기가 조금 어렵게 느껴질지도 모릅니다. 그러면 우선 '그냥 멍하니 있는 시간'을 보내보면 어떨까요?

현대인은 끊임없이 무언가를 생각합니다. 불안에 떨거나 고민할 때도 있고, 업무나 주위 사람에 대해 생각할 때도 있습니다. 무엇이 되었든 아무것도 생각하지 않고 멍하니 있는 시간은 거의 없습니다. 물론 누군가는 멍하니 있는 시간이 아깝다고 생각할 수도 있습니다.

하지만 우리의 마음이 쉽게 메마르고 지치는 이유는, 끊임없이 무언가를 생각하기 때문입니다. 여유가 있고 가벼운 마음에 상쾌함과 온화함이 깃듭니다. 마음이 풍요로워지고 기운을 되찾아 상쾌해지고 온화해지려면, '아무것도 하지 않는 시간'이 무엇보다 필요합니다. 그 시간이 아침이라면 더없이 좋습니다. 그저 멍하니 바깥 풍경을 바라보세요. 아니면 방 안에 있는 그림이나 식물도 좋습니다. 무엇이든 상관없습니다. 편안한 마음으로 멍하니 있는 시간을 마련해 상쾌하고 온화한 마음으로 하루를 시작해보세요.

여유가 있고 가벼운 마음에 상쾌함과 온화함이 깃듭니다.
마음이 풍요로워지고 기운을 되찾아 상쾌해지고 온화해지려면,
'아무것도 하지 않는 시간'이 무엇보다 필요합니다.

'지금도 충분해.'
하는 마음을
유지하는 법

○
 ○
 ○
○

　　　　　　　　　　사람의 마음은 원래 한 점의 우
울함도 없이 아름답습니다. 이것을 가리키는 선어가 있습니다.

　　일체중생실유불성 一切衆生悉有佛性

　　모든 생명은 부처가 될 성품을 지니고 있다, 즉 부처가 될
가능성이 있다는 의미입니다. 한 걸음 더 나아가면 모든 생명
이 부처의 성품 바로 그 자체라는 의미로 해석됩니다. 부처의
성품과 아름다운 마음은 같은 것입니다.

하지만 살다 보면 어쩔 수 없이 우울해질 때도 있고, 마음에 티끌이나 먼지도 들러붙습니다. 사람들이 '번뇌'라고 부르는 욕심이나 집착, 망상 같은 것이 그것입니다. 번뇌가 여러 겹 쌓이고 쌓여 아름다운 마음을 뒤덮어버립니다. 저는 그런 상태를 '마음의 대사증후군'이라고 부릅니다. 현대인은 '마음의 대사증후군'이 상당히 심각한 상태인 것 같습니다.

게다가 우리는 과거 그 어느 때보다 더 자주 번뇌를 자극하는 시대에 살고 있습니다. 텔레비전과 인터넷 같은 미디어가 발신하는 정보의 홍수 속에서 현대인은 집착과 욕심을 내려놓을 틈이 없습니다.

"이렇게 편리한 도구가 여러분의 작업을 도와드립니다!", "유행을 선도하는 당신에게 꼭 필요한 아이템!", "부자 되는 노하우의 결정판!" 등등. 여러분의 마음은 하루 종일 '좀 더 원해.', '갖고 싶어.', '이렇게 되고 싶어.' 같은 번뇌에 쉴 새 없이 노출됩니다. 눈길이 닿는 모든 곳에 유혹이 흩어져 있습니다. 이것이 현대 사회의 특징이라고 해도 결코 과언이 아닙니다.

그런 현대 사회에서 하루를 보내고 맞이하는 밤에는 집착과 욕심이 마음속에서 소용돌이칩니다. "낮에 봤던 그 가방, 갖고 싶다. 내일 사버릴까?", "인터넷에서 본 그 청소기, 확실히 편리하고 가격도 싼 것 같은데…. 그래, 역시 사는 게 좋겠어."

등등. 이런 생각으로 내내 마음이 복잡하고 혼란스럽습니다. 여러분도 이런 경험이 있지 않습니까?

그리고 다음 날, 기어코 가방이나 청소기를 삽니다. 갖고 싶던 걸 손에 넣고 나면 그걸로 끝일까요? 그렇게 간단히 속이 후련해지지는 않습니다. 집착과 욕심은 바닷물을 퍼마시는 것과 같아서, 하나를 손에 넣으면 또 다른 무언가를 더 원하게 됩니다. 욕구가 하나 채워지면 곧바로 더 큰 욕구가 생겨납니다. 그렇게 마음의 대사증후군 상태는 점점 더 심각해집니다.

이럴 때도 아침 시간을 어떻게 보내느냐가 중요합니다. 모든 것이 새로워지는 아침에 다시 한 번 욕심이나 집착과 마주해봅니다.

"어제 본 그 가방이 없으면 나에게 엄청나게 곤란한 일이 생길까? 그 가방이 지금 내게 정말로 필요한가?"

물론 답이 곧바로 나오지 않을지도 모릅니다. 그런 경우에는 3일 동안 아침마다 스스로에게 묻고 다시 생각해봅니다. 그렇게 생각해본 결과 "아무리 생각해봐도 필요해.", "없으면 정말 곤란해." 하는 답이 나왔다면 그때 구입해도 충분합니다. 하지만 대체로 "솔직히 꼭 필요하지는 않아." 혹은 "없어도 큰일이 생기는 건 아니지."라는 결론에 도달할 것입니다. 이미 현대인들은 물건도 생각도 지나치게 많이 가져서 문제니까요. 집착

이나 욕심을 버리는 가장 효과적인 방법은 아침에 그런 마음을
정면으로 마주해보는 것입니다.

지족 知足

이 말은 글자 그대로 '만족을 안다.'는 뜻입니다. '지금
이대로 감사해.', '지금도 충분해.'라는 마음으로 살아가는
것이 바로 만족하는 삶의 방식입니다. 부처님은 지족에 대
해 이렇게 말씀하셨습니다.

"만족할 줄 아는 사람은 불평불만을 하지 않고 항상 마
음이 풍요롭다."

만족할 줄 아는 삶의 방식과 지나치게 많이 소유하지 않는
심플한 생활, 이런 삶에 한 걸음씩 가까워질 때마다 마음은 더
욱 윤택해지고 풍요로워집니다.

———

만족할 줄 아는 삶의 방식과

지나치게 많이 소유하지 않는 심플한 생활,

이런 삶에 한 걸음씩 가까워질 때마다

마음은 더욱 윤택해지고 풍요로워집니다.

시간에
사용당할 것인가,
시간을 사용할
것인가

○
○
○
○

아침을 보람차고 의미 있게 보내기 위해서는 '계획'이 필요합니다. 계획을 세우면 하나하나의 일을 마음을 담아 정성껏 실행할 수 있고, 그렇게 할 때 아침이 충실해집니다.

"자, 뭐부터 해볼까? 청소? 아니지, 역시 식사 준비가 먼저? 아니면….."

순서를 정해두지 않으면 이렇게 무엇 하나 제대로 하지 못하고 우왕좌왕 시간만 흘러갑니다. 요즘 사람들은 대부분 시간에 쫓기는 기분으로 살아갑니다. 정말로 바빠서 그런 경우도 있겠지만, 대부분은 계획을 제대로 세우지 않아서 그렇게 사는 것입니다. 계획이 없으니 순서가 엉망이고, 순서가 엉망이니 시간도 에너지도 낭비됩니다. 전체적으로 효율이 낮아집니다. 앞서 소개한 조주 선승의 일화를 하나 더 소개하겠습니다.

한 스님이, 옛날에 하루를 의미했던 12시진을 어떤 마음가짐으로 보내면 좋을지 물어보자 조주 선승이 이렇게 대답했습니다.

"너는 12시진에 사용당했고, 나는 12시진을 사용했다."

이게 무슨 뜻일까요? 의미는 이렇습니다.

"너는 시간에 사용당하며 지내고 있지만, 나는 시간을 전부 사용하며 지내고 있다."

시간에 사용당하는 것과 시간을 완전히 사용하는 것, 도대체 그 차이는 어디에서 생길까요? 바로 '누가 주인인가?'입니다. 어떤 일이든 내가 주인이 되어서 주체적으로 하면 시간을 사용하게 되고, 반대로 주체성을 잃으면 시간에 사용당하게 됩니다.

좀 더 일상적인 예를 들어봅시다. 회사에서 어떤 업무를 받았다고 합시다. 그때 '좋아, 최선을 다해서 나 자신도 만족할 만한 좋은 결과를 만들자.' 하는 생각을 했다면, 그것이 일에 주체적으로 임하는 마음자세입니다. 하지만 반대로 '뭐야, 시

시한 일이잖아. 어쩔 수 없으니 하긴 해야겠지만.' 하는 생각을
했다면 그는 일에 대한 주체성을 잃은 사람입니다.

시간을 사용하는 사람과 시간에 사용당하는 사람의 차이
가 느껴지죠? 계획도 마찬가지입니다. 하루의 주인이 되겠다는
사람만이 계획을 세울 수 있습니다. 여러분은 어떻습니까? 어
떤 일을 할 때 '적당히 하지 뭐.'라며 계획을 대충대충 세우지는
않습니까?

해내고자 하는 모든 일에 계획을 잘 세우는 것이 주체
적으로 일에 임하는 자세입니다. 계획을 잘 세워야만 시간
을 낭비하지 않고 시간에 사용당하지 않고 나의 하루를 내
의지대로 완전히 사용할 수 있습니다.

모든 일에 주체적으로 임하기 위해서는 역시 하루를 시작
하는 아침 시간이 중요합니다. 시간에 쫓기는, 즉 시간에 사용
당하던 아침을 '시간을 사용하는 아침'으로 바꿔보세요. 그러면
이후의 시간도 제대로 사용할 수 있고, 나아가 모든 일에 주체
적인 자세를 갖게 됩니다.

모든 시간을 주체적으로 사용한다면 인생도 주체적으로
살아갈 수 있습니다. '시간을 낭비하지 않고 완전히 사용했다.'
는 충만함은 물론이고, 진정한 행복도 느낄 수 있습니다.

3장

5분 청소로 몸과 마음이 상쾌해지고, 10분 의자 좌선으로 자세와 호흡을 정돈됩니다. 현관 정돈하기, 텔레비전 켜지 않기, 정성 들여 차 준비하기, 거울 속의 나에게 질문하기, 소리 내어 아침인사 하기, 창문 열고 심호흡하기, 자연의 소리 듣기, 식물 돌보기, 경전이나 좋은 글 필사하기, 짧은 기도 등. 여기서 소개하는 12가지 아침 습관은 생명에 대한 감사를 느끼고, 일상에 정성과 활기를 가져다줍니다.

몸과 마음을 고요하게
정돈하는 아침 습관

5분
청소

몸과 마음이 깨끗하고
상쾌해진다

○
○
○
○

　　　　　　잠에서 깨어나 집을 나서기 전
까지 아침 시간은 눈 깜짝할 사이에 지나가버립니다. 잠깐이라
도 마음이 느슨해지면 지각하기 십상이죠. 그 시간을 결코 가
볍게 여겨서는 안 됩니다. 이제까지 아침 시간이 왜 중요한지
충분히 알아보았습니다.

　　그렇다면 이렇게 중요한 아침 시간을 어떻게 보내면 좋을
까요? 허둥지둥 뛰쳐나가던 일상의 모습과 전혀 다른 방법으
로 아침을 열어보세요. 아침 시간이 충실해지면 하루가 충실해
지고, 하루가 일주일, 일주일이 한 달, 한 달이 1년, 1년이 수십

년…, 결국 인생 전체가 행복해지는 흐름이 만들어집니다. 지금부터 그 방법을 알아보겠습니다.

아침에 반드시 해야 할 일은 바로 '청소'입니다.

"세수할 시간도 없는데 청소를 하라고요?"

대부분 사람들이 눈을 동그랗게 뜨고 이런 반응을 보일 것입니다. 아마 '절대로 불가능한 일'이라고 생각할 것입니다. 그 이유는 청소에 대해 고정관념을 갖고 있기 때문입니다.

"평일에는 거의 청소할 시간이 없으니 휴일에 한꺼번에 몰아서 하는 수밖에…."

보통 청소라고 하면 이렇게 생각합니다. 하지만 제가 제안하는 방법은 그런 '거창한' 청소가 아닙니다. 딱 5분 만에 끝내는 청소입니다. 매일 아침 작은 구역을 정해 딱 한 곳씩만 정복해나가면 됩니다. 부엌 찬장, 욕조, 거실 소파 위, 식탁, 침대, 화장대…. 화장실이나 현관도 물론 작은 구역 중 하나입니다. 집 안의 상황은 저마다 다를 테니, 구역은 여러분의 상황에 맞게 나눠보세요. 그리고 그 구역 중 어딘가 딱 한 곳만 아침 청소 타깃으로 정해봅니다.

예를 들어 월요일은 현관, 화요일은 냉장고, 수요일은 화장대, 목요일은 욕조 같은 식입니다. 평일에 손이 닿지 못한 구역이 있다면 휴일에 청소하면 되겠지요. 그렇게 하면 일주일 동안 거의 대부분의 구역을 청소할 수 있습니다.

그런데 청소할 때 주의할 것이 하나 있습니다. 닦을 때는 닦는 일에만, 쓸어낼 때는 쓰는 일 자체에만 집중하는 것입니다. 이것을 가리키는 선어가 있습니다.

일행삼매 一行三昧

삼매는 '삼매경'의 그 삼매입니다. 일 삼매경, 놀이 삼매경 할 때 사용하죠. 정신을 집중하고, 몸과 마음의 모든 에너지를 쏟아 한 가지 일을 행하는 것을 가리킵니다. 다시 말해 하나의 대상(일행)을 철저하게 행한다는 의미입니다.

절에서 운수승雲水僧이 청소하는 장면을 본 적이 있습니까? 가끔 텔레비전에 나오는데, 걸레를 손에 들고 그야말로 질풍 같은 속도로 복도를 재빠르게 닦아나갑니다. 다름 아닌 청소 삼매의 모습입니다.

어떤 구역이든 청소를 끝내고 '와, 깨끗해졌어!'라는 느낌이 들면 아침 청소의 목적을 달성한 것입니다. 아무리 좁은 구역이라도 청소를 마치면 반드시 기분이 좋아집니다. 마음이 엄청나게 상쾌해지고요. 이런 기분이 드는 이유는 대체 무엇일까요? 선어에 이런 말이 있습니다.

일소제 一掃除 이신심 二信心

'신심信心'은 글자 그대로 부처를 믿는 마음입니다. 이 말은 '첫째가 청소이고, 둘째가 믿는 마음이다.'라는 뜻입니다. 믿는 마음보다 청소가 먼저라는 뜻이지요. 청소는 단순히 그 장소를 깨끗하게 하는 데서 끝나는 게 아닙니다. 그보다 먼저 자신의 마음에 묻은 얼룩이나 먼지를 털어내는 일과 직접 이어집니다. 그래서 청소가 먼저라는 말이 나오는 것입니다.

청소 자체에 몰두해보세요. 마음에 묻어 있던 얼룩과 먼지도 사라집니다. 그 결과 기분이 좋아지고 마음이 상쾌해집니다. 마음이 정돈된다고 말해도 좋겠지요. 생활공간을 깨끗하게 하는 것은 마음을 정돈하는 대전제이기도 합니다. 어질러진 방에서 아무리 마음을 정돈해본들 가능할 리가 없습니다.

그러니 아침 청소는 다름 아닌 마음을 정돈하는 작업입니다. 아침을 열기에 이보다 더 잘 어울리는 일이 또 있을까요.

청소는 단순히 그 장소를 깨끗하게 하는 데서
끝나는 게 아닙니다.
그보다 먼저 자신의 마음에 묻은
얼룩이나 먼지를 털어내는 일과 직접 이어집니다.

10분
의자 좌선

자세와 호흡을
정돈한다

○
○
○
○

스님들에게 좌선은 수행의 핵심
입니다. 앞에서도 이야기했지만 수행 기간에는 아침이 밝아오
기 전부터 '효천좌선曉天坐禪'이라 불리는 좌선을 하는 것이 정해
진 일과입니다. 스님들은 좌선으로 마음을 차분히 가라앉혀 깨
끗하고 새로운 상태로 만든 후에 그날의 수행에 들어갑니다.

지관타좌 只管打坐

앞에서 소개한 말입니다. '그저 오로지 앉아 있다.'는 의미

로 좌선이 추구하는 본연의 자세이자 좌선의 진수라고 할 수 있습니다. 조용히 앉아 있으면, 일단 '계절의 소리'가 들려옵니다. 바람이 나뭇가지를 흔드는 소리, 새들이 지저귀는 소리, 시냇물이 졸졸 흐르는 소리….

더욱 높은 경지에 들어서면 가을에는 알록달록 물든 낙엽이 대지에 떨어지는 기척이 느껴지고, 겨울에는 펄펄 눈이 내리는 소리까지 들립니다. 투명하게 맑아진 마음은 무엇에도 얽매이지 않습니다. 물론 그런 경지가 되려면 상당히 열심히 수행을 거듭해야만 하지만, 제가 지금 여러분에게 소개하려는 아침 습관은 그저 단 10분만이라도 조용히 앉아 있는 것입니다. 딱 10분만 투자해보세요. 마음을 맑고 가볍게 정돈한 상태로 하루를 시작한다는 점에서 큰 의미가 있습니다.

이런 이야기를 들어도 '좌선은 시작하기가 쉽지 않아서.'라고 생각하는 사람이 적지 않을 것입니다. 그래서 '의자 좌선'을 제안합니다. 원래 좌선은 절에서 스님에게 지도를 받아야 하지만, 혼자서 하는 의자 좌선만으로도 어느 정도 효과를 얻을 수 있습니다. "아, 어쩐지 기분이 후련해졌어!"라든가 "마음이 온화해진 느낌이야." 같은 느낌을 누구나 맛볼 수 있습니다.

맨 처음에 언급했던 '조신, 조식, 조심'이 좌선의 세 가지 요소입니다. '자세를 정돈하고, 호흡을 정돈하고, 마음을 정돈한다.' 이것만 기억하면 됩니다. 이 세 가지는 서로 깊이 얽혀 있습니다. 자세를 정돈하면 호흡이 정돈됩니다. 호흡이 정돈되면 마음이 정돈되지요. 일종의 선순환 관계입니다. 이런 관계를 이해했다면 이제 아침 의자 좌선을 시작해보세요. 방법은 다음과 같습니다.

① 의자에 앉습니다. 등받이에서 엉덩이를 조금 떼고 앉으세요. 허리는 90도로 세우고, 양 다리는 어깨너비로 벌리고 등을 곧게 폅니다.

② 손바닥을 위로 향하게 하여 양손을 포갭니다. 오른손이 위, 왼손이 아래로 가도록 포개고 달걀 하나를 가볍게 감싸듯 양쪽 엄지손가락 끝을 가볍게 맞닿게 하여 허벅지 위에 올려놓습니다. 이 손 모양을 법계정인法界定印이라고 부릅니다.

③ 혀끝을 윗잇몸에 가볍게 붙입니다. 그대로 숨을 한 번 들이마십니다. 입술을 살짝 다물고 코로 숨을 내보냅니다.

④ 상체를 좌우로 흔듭니다. 몸의 좌우 대칭을 맞추고 상체의 안정된 위치를 찾기 위해서입니다. 오른쪽으로 왼쪽으로 몸을 천천히 흔들면서 점차 흔드는 폭을 좁혀 안정된 위치를 정하고 정지합니다.

⑤ 눈을 완전히 감지는 않습니다. 눈을 반쯤 감아 실눈을

뜨고 시선은 1.5m 앞쪽 바닥을 응시합니다.

⑥ 이제 천천히 복식호흡을 합니다. 배꼽에서 약 7.5cm 아래에 위치한 단전을 의식하면서 코로 천천히 숨을 내쉽니다. 숨을 끝까지 내뱉습니다. 완전히 내쉬면 자연스럽게 공기가 들어오므로 의식적으로 숨을 들이마실 필요는 없습니다.

⑦ 10분 동안 이 자세를 유지하며 복식호흡을 반복합니다.

처음에는 쉽지 않을 것입니다. 한두 번으로는 요령을 터득하지 못할 수도 있고요. 하지만 인내심을 갖고 며칠 동안 계속하다 보면 익숙해집니다. 그리고 몸도 마음도 밝고 가벼워짐을 느끼게 됩니다. 그때가 되면 여러분에게 의자 좌선은 아침에 절대로 빼먹을 수 없는 하나의 '리추얼'이 될 것입니다.

자세를 정돈하면 호흡이 정돈됩니다.

호흡이 정돈되면 마음이 정돈되지요.

일종의 선순환 관계입니다.

현관
정돈

행운은 깔끔한 현관으로
들어온다

○
○
○
○

'현관玄關'이라는 일상의 단어가
불교에서 유래했다는 사실을 아시나요? 아시다시피 현관은 출
입문에 붙은 공간으로 신발이나 우산 등을 놓아둡니다.

한자를 살펴보면 '현玄'은 현묘한 공간, 즉 심오한 진리의
세계를 가리킵니다. '관關'은 그 세계로 들어가는 입구를 말합니
다. 불교에서는 깨달음을 바라며 가르침을 청하는 입구를 '현
관'으로 여겨왔습니다.

일본의 선사禪寺에 가보면 입구에 '각하조고脚下照顧' 혹은
'조고각하照顧脚下'나 '간각하看脚下'라고 쓴 현관이 있습니다. 이

말은 모두 '발밑을 잘 비추어 돌이켜본다.'라는 의미입니다. 그런데 요즘은 거기서 조금 변화하여 '벗은 신발을 가지런히 하세요.'라는 의미로 사용합니다.

선사의 현관에 걸어놓은 이 글은 '여기서부터는 깨달음으로 가는 길이므로 신발을 가지런히 한 후에 들어가세요.'라는 메시지를 사람들에게 전합니다. 이것은 비단 선사에서만 한정되는 일이 아닙니다. 벗은 신발을 가지런히 하는 일은 당연하고도 기본적인 행동입니다. 이 선어에는 조금 더 깊은 의미가 담겨 있습니다. '지금, 바로 이 순간에 해야 할 일을 하라.'는 것입니다.

신발을 벗었다면 그 순간에 해야 할 일은 무엇인가요? 말할 필요도 없이 벗은 신발을 가지런히 정리하는 일입니다. 우리는 언제 어디서든, 어떤 상황에서든 '바로 그 순간'에 해야 할 일이 있습니다. 그 일을 나중으로 미루지 말고 항상 착실하게 하라는 것이 이 선어가 말하고자 하는 바입니다.

현관은 '집의 얼굴'이라고들 합니다. 얼굴을 보면 그 사람의 인품을 상상할 수 있듯이 집의 얼굴인 현관을 보면 그 집에 사는 사람들의 생활이 투명하게 보입니다. 문을 딱 열고 들어갔는데, 구두는 아무렇게나 던져져 있고 더러운 흙먼지와 잡동사니가 뒤섞인 상태라면, 그 집에 사는 사람이 어떤 생활을 하고 있을지 쉽게 상상이 됩니다.

　행운을 불러오고 싶다면 우선 현관부터 정돈해보세요. 정돈의 기본은 '상쾌하고 청결하게'입니다. 신지 않는 구두가 여러 켤레 나와 있거나 장바구니, 우산, 자전거 등이 어지럽게 놓여 있어 걸리적거리지는 않습니까? 집이 너무 좁거나 구조적인 문제로 어쩔 수 없는 부분이 있을지도 모르지만 방법을 최대한 고민하여 현관을 '상쾌하고 청결하게' 정돈해보세요.

　현관은 아침에 집을 나설 때 배웅해주고 저녁에 제일 먼저 맞이해주는 공간입니다. 늘 깨끗하게 정돈되어 있다면 기분이 완전히 달라지겠지요. 외출할 때는 "자, 오늘도 힘내서 최선을 다하자!" 하는 의욕을 불러일으켜주고, 집에 돌아왔을 때는 편안하고 안정된 기분이 듭니다.

　매일 쓸고 닦을 필요도 없습니다. 일주일에 한 번만 현관을 깔끔하게 청소해두면 엉망진창이 되는 일은 그다지 많지 않습니다. 매일 아침 집을 나설 때 눈으로 흐트러진 곳이 없는지 확인하는 정도만으로 상쾌하고 청결한 현관이 유지됩니다.

　공간에 여유가 있다면 작은 선반을 두고 화분이나 꽃 한 송이를 놓아두는 것도 좋지 않을까요. 꽃은 계절을 알려줄 뿐만 아니라, 마음을 위로해주고 생기와 의욕을 북돋아줍니다. 또한 손님을 맞이할 때는 현관에 향을 피우거나 향초를 켜두면 한층 멋진 분위기를 연출할 수 있습니다. 손님이 도착할 즈음에 미리 향을 조금 피워두는 것도 좋습니다. 현관문을 열었을 때 상쾌한 향기가 은은하게 퍼진다면 최고의 환영인사가 되지 않을까요.

현관은 집에 들어오거나 밖으로 나갈 때 그저 지나가기만 하는 공간이 아닙니다. 자신의 취향에 맞게, 개성을 발휘해서 연출할 수 있는 공간입니다. 우리 집의 첫인상이자 얼굴인 현관을 깔끔하게 정돈하고 취향껏 아름답게 꾸미고 싶지 않습니까?

현관은 아침에 집을 나설 때 배웅해주고
저녁에 제일 먼저 맞이해주는 공간입니다.
늘 깨끗하게 정돈되어 있다면 기분이 완전히 달라지겠지요.
외출할 때는 "자, 오늘도 힘내서 최선을 다하자!" 하는 의욕을 불러일으켜주고,
집에 돌아왔을 때는 편안하고 안정된 기분이 듭니다.

텔레비전
켜지 않기

지금 하는 일 한 가지에만
집중한다

○
○
○
○

아침에는 할 일이 줄줄이 이어
집니다. 세수, 양치, 화장, 식사, 옷 갈아입기, 신문 보기 등등.
화장실, 주방, 거실, 침실을 오가며 분주히 움직입니다. 그러니
소중한 아침 시간이 어수선해지는 것도 무리는 아닐 것입니다.

어쩌다가 그중 한 가지 일에 평소보다 시간을 많이 쓰면
"앗! 큰일 났네! 이러다가 늦겠어!"라며 쏜살같이 집을 뛰쳐나
가야 합니다. 그래서 아침에는 당연히 '시간'에 신경을 씁니다.
그런데 시간을 쉽게 확인하기 위해 많은 사람들이 텔레비전을
켜놓고 거기에 의지합니다.

아침에 일어나 제일 먼저 텔레비전 리모컨부터 잡는다는 사람이 적지 않습니다. 텔레비전을 켜면 뉴스를 비롯해 다양한 정보가 흘러나오지만 화면을 유심히 보는 사람은 거의 없습니다. 관심 있는 뉴스나 정보가 귀에 들어오면 잠깐 동안 화면을 볼지 모르지만, 눈으로는 주로 화면 한쪽 구석에 나오는 현재 시간을 체크합니다. 시계 대신 텔레비전 화면을 흘끔흘끔 보면서 집에서 나가야 할 때까지 남은 시간을 확인하지요. 대부분의 사람들이 아침에 텔레비전을 켜는 이유가 아닐까요.

그러다 보니 아침에 하는 모든 행동이, 무언가를 '하면서' 동시에 하는 또 다른 일이 됩니다. 아침을 먹을 때도, 옷을 갈아입을 때도, 화장을 할 때도 그렇습니다. 텔레비전 소리를 듣고 시간을 신경 쓰면서 나갈 준비를 합니다.

"부족한 아침 시간이니까 이것을 '하면서' 저것도 하는 것도 괜찮지 않나요?"

분명 두 가지 일을 동시에 하면 언뜻 보기에는 효율적인 것 같습니다. 하지만 정말로 그럴까요? '하면서'를 경고하는 여러 가지 속담이 있습니다. "두 마리 토끼를 쫓으면 한 마리도 못 잡는다.", "게도 구럭도 다 잃었다."

'하면서'는 언뜻 효율적으로 보이지만 사실은 양쪽 다 어중간해지고 소홀해집니다. 인간은 본래 하나에만 집중할 수 있습니다. 텔레비전을 보면서 아침 식사를 하면 음식의 맛을 충분히 느낄 수 있을까요? 수저를 들어 그저 기계적으로 음식을 입 안으로 옮길 뿐이지 않습니까? 선어에 이런 말이 있습니다.

끽다끽반 喫茶喫飯

이 말은 차를 마실 때는 열심히 차만 마시고, 밥을 먹을 때는 집중해서 밥만 먹으라는 의미입니다. 어떤 일이든 그때 그 순간에 마주하고 있는 것이 해야 할 일의 전부이므로 그것에만 마음을 쏟아야 합니다.

우리 눈앞에 있는 식사는 100명의 손을 거쳐 지금 이 자리에 있습니다. 밥그릇 속의 쌀 한 톨, 접시 위에 놓인 채소 한 줌도 수많은 농부들이 농사짓고 도매상인이 전국 각지로 나르고 소매상인이 소비자에게 판매하여 비로소 우리의 아침 밥상에 올라온 것입니다. 그러니 눈앞에 있는 식사는 100명의 노고 덕분에 먹게 된 것이지요. 스님들은 식사하기 전에 '오관게五觀偈'를 반드시 외웁니다. 그 첫 번째 문장이 이것입니다.

계공다소량피래처 計功多少量彼來處

이 문장은 '이 식사가 있기까지 얼마나 많은 공이 들어갔는지 생각하고 감사한다.'는 의미입니다. 이처럼 100명의 수고 덕분에 나에게 온, 감사하는 마음으로 받아야 하는 식사를, 다른 일을 '하면서' 먹어도 괜찮을까요?

식사뿐만이 아닙니다. 아침에 해야 할 일 하나하나에 '끽다끽반'의 자세로 임해봅시다. 그러면 두말할 필요도 없이 언제 어떤 일에도 '하나에 집중'하는 삶의 방식이 자리 잡을 것입니다. 그 첫 걸음은 아침에 텔레비전의 전원을 끄는 것에서부터 시작됩니다.

정성 들여
차 준비하기

행동 하나하나에
마음을 담는다

○
○
○
○

　　　　　　방금 전에 이야기한 '텔레비전을
켜지 않는 아침' 다음으로 꼭 실천했으면 하는 일이 있습니다.
바로 '정성껏 차를 준비한다.'는 것입니다. 아침에는 대부분의
사람들이 커피나 차를 마십니다. 그런데 요즘 사람들은 페트병
에 든 차나 캔 커피를 많이 사 마시는 듯합니다. 아니면 출근길
에 카페나 편의점에서 테이크아웃 하여 회사에 걸어가면서 마
시는 사람도 적지 않습니다.

　　차를 끓이는 일은 제게는 가장 소중한 아침 일과 중 하나
입니다. 본존불상과 다른 부처께 우물물을 끓여 우린 첫 번째

차를 올립니다.

"아, 오늘 아침에도 맛있는 차를 드렸다."

이것이 제게는 큰 기쁨이고 행복입니다.

"뭐라고요? 차는 그저 찻주전자에 찻잎을 넣고 뜨거운 물만 부으면 끝이잖아요?"

물론 그렇습니다. 일본인들에게 '다성茶聖'으로 불리는 센리큐千利休 선사가 이런 말을 했습니다.

"찻물은 그저 물을 끓여 차를 우려 마시는 것뿐이라는 사실을 알아야 한다."

하지만 여기서 말하는 '그저'에는 깊은 뜻이 있습니다. '그저'라는 말은 보통 '무심히', '의미 없이'와 같은 뜻으로 사용하지만, 센리큐가 말하는 '그저'는 '오로지, 일념으로, 그 한 가지에만 몰두한다.'는 의미입니다. 물을 끓일 때는 오로지 물을 끓이는 데만 집중하고, 찻잎을 찻주전자에 넣을 때도 집중해서 넣고, 차를 우리는 적절한 시간을 주의 깊게 가늠하고, 찻잔에 따를 때도 온 신경을 집중하여 차를 따릅니다.

이 말을 좀 더 간단히 정리하면 차를 끓이는 일련의 과정을 따라 행동 하나하나에 '정성껏 마음을 담는다.'는 의미입니다. 찻잎의 양, 찻주전자에 부을 물의 온도, 찻잔에 따르기 전에 차를 우리는 시간…. 어느 것 하나도 건성으로 하지 않습니다. 이렇게 하나하나 정성 들여 준비한 차는 당연히 각별히 맛있습니다.

정성껏 끓인 차를 천천히 맛보고, 나아가 '아, 맛있어.'라는 생각이 마음 가득 채워짐을 느낍니다. 바로 차와 내가 하나가 되는 순간입니다. 하나가 되는 것은 선이 추구하는 높은 경지입니다.

덧붙여 제 경험을 말씀드리면, 똑같이 정성껏 끓인 차라도 매일 아침 맛이 미묘하게 다릅니다. 쓴맛이 강하게 느껴질 때도 있는가 하면, 부드러운 단맛이 느껴지는 날도 있습니다. 저는 차를 마실 때 느껴지는 맛으로 그날의 컨디션을 파악하곤 합니다.

'평소보다 쓴맛이 강하게 느껴지네. 컨디션이 나빠지고 있는지도 몰라. 오늘 하루는 컨디션 관리에 주의를 기울여야겠어.' 혹은 '부드러운 단맛이 두드러지게 느껴지는 걸 보니 오늘은 컨디션도 완벽해. 어느 정도는 무리해도 괜찮겠어.' 하는 식입니다. 처음부터 맛의 차이를 느낄 수는 없을지도 모릅니다. 하지만 매일 아침 정성껏 차를 끓이다 보면 여러분도 아침에 마시는 차 한 잔으로 컨디션을 알 수 있게 될 것입니다.

물을 끓일 때는 오로지 물을 끓이는 데만 집중하고,
찻잎을 찻주전자에 넣을 때도 집중해서 넣고,
차를 우리는 적절한 시간을 주의 깊게 가늠하고,
찻잔에 따를 때도 온 신경을 집중하여 차를 따릅니다.

거울 속의
나에게 질문하기

오늘 생이 끝난다 해도
그 일을 할 것인가?

○
○
○
○

사람들은 아침에 거울을 몇 번이나 볼까요? 여성이라면 세수할 때, 화장할 때, 옷을 입을 때라는 답이 많고, 남성이라면 세수할 때와 옷을 입을 때가 일반적일 것입니다.

그렇다면 거울을 보며 무슨 생각을 합니까? 여성들은 "피부가 칙칙해졌네, 화장이 잘 안 먹었네, 이런 것들이 신경 쓰여요."라고 대답하고, 남성들은 "일단 수염을 제대로 깎았는지, 머리가 들뜨지 않았는지, 넥타이가 비뚤지 않은지 정도를 확인해요."라고 합니다. 대부분 거울을 보고 '외모'를 체크한다는 뜻이지요.

애플의 창업자 고故 스티브 잡스는 다양한 명언을 남겼습니다. 그중 췌장암 수술을 받고 회복되었을 때 스탠퍼드 대학 졸업식에서 다음과 같은 연설을 했습니다.

"저는 매일 아침 거울에 비친 저 자신에게 질문합니다. '만약 오늘이 생의 마지막 날이라고 해도 지금 하려는 그 일을 할 것인가?'라고 말입니다. '아니다.'라는 대답이 며칠이고 이어진다면 무언가를 바꿔야 할 때입니다. 삶의 방식을 되돌아볼 필요가 있습니다."

스티브 잡스는 거울을 통해 자신의 마음속, 즉 내면을 체크했습니다.

누구나 아침에 '오늘은 이 일을 해야지.' 하는 생각을 합니다. 그리고 보통은 그 일을 차례차례 해나가겠지요. 하지만 스티브 잡스는 오늘 생이 끝난다고 해도 그 일을 할 것인지를 매일 아침 스스로에게 물어보았습니다. 그것이 '정말로 해야 할 일'인지 아닌지를 끊임없이 묻고 확인한 것이지요. 이것이야말로 다름 아닌 선의 사고방식입니다. 선에서는 한 순간, 한 순간의 '지금'을 열심히 살라고 가르칩니다.

방법은 단 하나입니다. '지금 해야 할 일'을 확실히 해나가는 것뿐입니다. 그러면 후회가 남지 않습니다. 언제 죽어도 최선을 다해 살았다고 당당하게 말할 수 있는 인생이 됩니다.

스티브 잡스가 선에 심취해 있었다는 것은 잘 알려진 사실입니다. 그는 조동종의 선승 오토가와 고분乙川弘文을 스승으로 섬기며 가르침을 받아 선의 마음을 자신의 삶의 방침으로 삼았습니다. 조동종의 대본산인 후쿠이 현福井県 에이헤이사永平寺에 몰래 찾아가 좌선 모임에도 여러 번 참가했다고 합니다. 검은색 터틀넥 티셔츠에 청바지뿐인 그의 심플한 패션도 선의 생활방식이 드러나는 모습이 아니었을까요?

스티브 잡스가 그랬듯이 여러분도 아침마다 거울에 비친 자신의 마음에 질문을 던져보세요. 물은 편한 곳으로 흘러간다고 하는데, 사람도 자칫하면 나태하게 시간을 흘려보내거나, 귀찮고 어려운 일은 피해버리기 쉽습니다. 하지만 매일 아침 거울 속의 자신에게 물어보는 습관을 들이면 나태해지려는 마음에 제동이 걸립니다.

"이러면 안 돼. 지금 할 일을 나중으로 미루려 하고 있어. 하지만 이 일은 역시 꼭 해야 할 일이야. 좋아, 힘내자!"

자신에게 물어보고 확인하면 마음이 이렇게 바뀝니다. 업무든, 개인적인 일이든 '지금' 이 순간에 해야 할 일을 직시하고 최선을 다할 수 있습니다. 이런 삶이 '선의 마음으로 산다.'는 것입니다.

그리고 마지막으로 거울 속의 자신이 웃고 있는지 그렇지 않은지를 확인해보세요. 웃지 않고 있다면 왜 그럴까 생각해보세요. 가급적이면 활짝 웃는 얼굴로 새로운 하루를 시작해보기 바랍니다.

소리 내어
아침 인사 하기

알람이 울리면 몸을 일으켜
목소리를 낸다

○○○○○

잠에서 상쾌하게 깨어나는 것보다 더 멋지게 아침을 여는 방법은 없습니다. 하지만 어지간해서는 상쾌하게 일어나기가 쉽지 않지요. 대부분은 이런 상태가 아닌가요?

"아아, 조금만 더 자고 싶어. 딱 5분만….."

알람시계가 아무리 울어도 좀처럼 이불 밖으로 나오지 못합니다. 추운 계절에는 더더욱 그렇습니다. 그때부터 변명거리를 찾기 시작합니다. "어제 늦게까지 일했는걸. 오늘 하루쯤은 아슬아슬한 시간까지 최대한 자도 돼.", "요즘 계속 야근했더니 너무 피곤해. 1분이라도 더 몸을 쉬게 해야 해." 등등. 이렇게 변명거리를 찾다 보면 더 늦게 일어나게 되고, 그러면 아침 시간은 더 정신없이 지나갑니다. 하지만 정해놓은 시간에 벌떡 일어나버리면 핑계거리를 찾을 일도 없고, 몸도 마음도 한결 여유로운 아침을 만들 수 있습니다.

운수승들은 수행 기간에 '진령振鈴'이라는 종소리를 신호로 기상합니다. 운수승도 여러분과 마찬가지로 일어날 때 괴롭습니다. 하지만 그 괴로움은 일어나기 직전 단 한 순간뿐이고, 일단 일어나면 바로 사라져버립니다. 무엇보다 진령은 엄청나게 큰 소리여서 웬만해서는 계속 잠을 잘 수가 없습니다.

알람시계가 울리면 무조건 상반신을 일으켜 앉아보세요. 보통은 누운 채로 알람시계를 꺼버리기 때문에 '이대로 조금만 더…'라는 유혹에 사로잡히는 것입니다. 몸이 움직이는 방향을 '수평'에서 '수직'으로 바꾸는 것만으로도 더 자고 싶은 유혹을 쉽게 떨쳐낼 수 있습니다.

그리고 무조건 목소리를 내봅니다. 목소리를 내면 각성 효과가 있습니다. 어떤 말이든 상관없습니다. "좋은 아침!" 하며 스스로에게 아침 인사를 해도 좋고, "오늘도 힘내자!", "아자, 아자! 파이팅!" 같은 말도 상관없습니다. 활력이 생기는 말을 찾아보세요.

요즘에는 알람시계도 다양하게 진화하여 일어날 때까지 소리가 멈추지 않는 것도 있다고 들었습니다. 바퀴가 달려서 멀리 도망가 버린다거나, 알람이 울리기 시작하는 동시에 본체에서 프로펠러가 날아올라 그 프로펠러를 잡아서 본체에 꽂기 전에는 멈추지 않는 등 기발한 제품들이 다양하게 나와 있다고 합니다.

확실히 일어나게 해주기는 하겠지만, 그렇게까지 알람시계에 의지하는 것이 과연 괜찮을까요? 알람시계를 사용한다기보다는 알람시계에 농락당하고 있는 느낌 아닌가요? 무엇보다 알람시계를 잡으러 쫓아다니는 장면은 상쾌한 아침 풍경으로는 그다지 아름답지 않다는 생각이 듭니다.

잠이 깨면 바로 몸을 일으켜 세우고 목소리를 내보는 '아침 기상 의식'을 습관으로 만들어보세요. 아침에 이불 속에서 꾸물거리면 그만큼 그다음 일정이 빡빡해집니다. 하루 종일 시간에 휘둘리는 정신없는 하루와 상쾌한 기분으로 여유롭게 보내는 하루, 여러분은 어떤 하루를 보내고 싶은가요?

창문 열고
심호흡

상쾌한 아침 공기와 햇살을
느껴본다

○
○
○
○

여러분은 아침에 일어나 제일 먼저 하는 일이 무엇인가요? 양치나 세수, 화장실에 간다는 사람이 많을 것입니다. 급하다면 화장실에 먼저 가야 하겠지만, 가능하면 먼저 집 안의 모든 창문을 활짝 열어보길 권합니다.

잠들기 전에 창문을 꼭꼭 닫아두면 밤사이에 실내 공기는 정체되어 있습니다. 창문을 활짝 열면 방 안에 고여 있던 공기는 나가고 바깥의 신선한 공기가 안으로 들어옵니다. 도시에 살아도 아침 공기는 하루 중 다른 어느 때보다 상쾌합니다.

시간이 없고 귀찮다는 이유로 아침에 창문은커녕 커튼

도 걷지 않는다는 사람도 있다고 합니다. 하지만 아침의 신선한 공기를 느껴야 비로소 몸도 마음도 리셋되어 새로운 하루를 살아갈 수 있도록 자세가 정돈됩니다. 꽉 막힌 움막 같은 생활과는 하루빨리 결별하세요.

몸과 마음이 깨어났다고 해서 곧바로 자신이 가진 힘을 최대한 발휘하지는 못합니다. 우선 자세를 정돈하여 천천히 가속을 붙여야 전속력으로 하루를 살아갈 수 있습니다. 아침에는 이런 준비 과정이 필요합니다.

오페라에서는 막이 오르기 전에 프렐류드를 연주합니다. 프렐류드는 막이 오른 후에 진행될 전체 내용을 암시하기도 하고 분위기를 고조시키기도 합니다. 아침 시간은 다름 아닌 하루의 프렐류드라고 말할 수 있습니다.

저도 아침에 일어나면 우선 덧문과 창문을 모두 엽니다. 이 글을 쓰고 있는 오늘 아침에도, 재건 중이라 잠시 닫아두고 있는 본당과 음식을 만드는 공수간 등 아무튼 온갖 문이란 문, 창문이란 창문은 모두 활짝 열었습니다. 절에는 열어야 할 문이 무척 많은데, 여는 순간에 모든 문에서 상쾌한 아침 공기가 흘러들어와 '아, 오늘도 감사하게 하루가 시작되는구나.'라는 생각이 절로 듭니다.

그러고 나서는 절의 바깥문인 '산문山門'을 열기 위해 밖으로 나와 크게 심호흡을 합니다. 아침의 공기를 가득 들이마시고 내뱉습니다. 아침 공기는 그 무엇보다 계절을 생생하게 느끼게 해줍니다. 봄에는 나무의 꽃눈이 움트는 향기가 부드러운 바람을 타고 옵니다. 여름이 되면 짙은 녹음이 눈앞에 가득 펼쳐지며 몸과 마음에 열정을 부어줍니다. 가을의 선선한 바람을 맞으면 마음속까지 잔잔해지고 평온해지고, 겨울의 찬 공기는 몸과 마음을 팽팽하게 당겨 순식간에 깨어나게 해줍니다.

물론 여러분이 사는 곳과 절간의 생활환경은 다르겠지만, 아침에는 정원이나 베란다에 나와 마음껏 심호흡을 해보면 어떨까요. 심호흡은 몸 안의 나쁜 기운을 뱉어내는 의미도 있습니다. 3~5번 정도만 해도 머리가 맑아지고 몸이 정화되는 느낌이 듭니다. 또한 아침 햇살을 듬뿍 받는 것도 중요합니다. 햇살은 에너지의 원천입니다. 단 5분만이라도 햇살을 받으며 온몸에 자연의 에너지를 충전해보세요.

현대인은 누구나 스트레스를 안고 살아갑니다. 스트레스가 쌓이면 마음을 안정시켜주는 세로토닌이라는 신경전달물질이 부족해진다고 합니다. 그 세로토닌을 증가시키는 가장 효과적인 방법이 태양빛을 쬐는 것입니다. 심호흡을 하고 아침 햇살을 받는 것은 무척 쉽고 간단한 일입니다. 상쾌한 하루를 위해 아침 습관으로 만들어보세요.

자연의
소리 듣기

생명에 대한 감사와
고귀함을 느낀다

앞에서 아침에는 텔레비전을 켜지 말자는 제안을 했습니다만, 여러분 중에는 이런 사람도 있을지 모릅니다.

"아침에 텔레비전을 켜지 말아야겠다고 생각은 하는데, 아무 소리도 들리지 않으면 오히려 마음이 불안해져요."

일어나자마자 바로 텔레비전을 켜는 습관이 있는 사람은 그럴 수도 있습니다. 방음이 잘되는 집에 산다면 외부 소리가 완전히 차단되는데, 소리가 없으면 의외로 불안해지기도 합니다. 그렇다면 음악을 틀어보면 어떨까요?

"좋아하는 음악을 틀면 놓으라고요? 하지만 내가 좋아하는 재즈 같은 걸 틀어두면 음악을 감상하느라 식사에 '집중'할 수 없지 않나요?"

확실히 좋아하는 음악이라면 정신을 빼앗길 수 있습니다. 좋아하는 소절이 흘러나오면 '아, 역시 이 부분은 좋아.'라고 생각하게 될 테고, 나도 모르게 노래를 따라 부르거나 흥얼거리기도 합니다. 당연히 집중력도 떨어지겠지요.

그래서 아침에 듣는 음악은 장르가 무엇이냐가 중요합니다. 들을 때 기분이 좋아지면서 하고 있는 일에 집중하는 데 방해가 되지 않는 음악이 있습니다. 아침에 듣기에 최적인 장르지요. 혹시 '자연의 소리'라는 음악 장르를 알고 있는지요? 시냇물이 졸졸 흐르는 소리나 파도 소리, 작은 새가 지저귀는 소리와 풀벌레 소리, 살랑거리는 바람 소리와 빗소리 등 말 그대로 자연을 느낄 수 있는 소리로 구성된 음악입니다. 자연의 소리는 일단 듣기가 편안하고, 마음에 부드럽게 젖어듭니다. 몸과 마음의 긴장을 풀어줍니다. 인간도 자연의 일부이므로 자연의 소리를 듣고 마음이 편안해지는 것은 당연한 일이겠지요. 자연과 인간의 관계를 설명하는 선어가 있습니다.

독좌대웅봉 獨坐大雄峰

이 선어는 중국 당나라 시대의 선승 백장회해百丈懷海가 한 말입니다. 한 스님이 "이 세상에서 가장 감사한 것, 고귀한 것은 무엇입니까?"라고 묻자 백장 스님이 이렇게 대답했다고 합니다. 이 말은 '연이은 봉우리가 바라보이는 대자연 속에 이렇게 생명을 받아 굳건하게 앉아 있는 것이 가장 감사하고 가장 고귀한 것'이라는 의미입니다.

굳건히 앉아 있는 백장 스님의 모습은 다름 아닌 자연과 하나가 된 모습입니다. 그리고 두말할 필요 없이 산들바람과 작은 새의 지저귐 같은 자연의 소리가 주변을 감싸고 있겠지요. 자연과 하나가 되었을 때 사람은 궁극의 평온함, 안정감, 편안함을 얻습니다. 자연과 하나가 되는 것은 백장 스님의 말씀처럼, 생명을 받은 것에 대한 감사와 그 생명을 소중히 돌보며 살아가는 것의 고귀함을 느끼는 일이기도 합니다.

도겐 스님은 이런 시를 읊었습니다.

"봉우리의 색, 골짜기의 울림도 모두 우리 석가모니의 음성과 모습이어라."

석가모니는 2,500년 전에 인도에서 불교를 창시한 부처입니다. 봉우리의 색, 골짜기의 울림은 자연의 풍경과 소리를 가리키는 것이겠지요. 자연의 하나하나가 부처의 모습이고 목소리라는 의미입니다.

자연의 소리에 둘러싸여 보내는 아침 시간은, 부처님의 음성에 둘러싸인 시간이기도 합니다. 딱딱하게 표현하자면 부처님이 직접 들려주는 설법과 법화法話인 셈입니다. 그런 아침이 감사하고 고귀하게 느껴지지 않습니까? 자연의 소리로 몸과 마음의 긴장을 풀고, 감사한 '말씀'을 받아 집을 나서보세요.

한 스님이 "이 세상에서 가장 감사한 것,
고귀한 것은 무엇입니까?"라고 묻자 백장 스님이 이렇게 대답했다고 합니다.
"연이은 봉우리가 바라보이는 대자연 속에 이렇게 생명을 받아
굳건하게 앉아 있는 것이 가장 감사하고 가장 고귀한 것이다."

식물
돌보기

식물을 돌보며
생명력과 활기를 얻는다

○
○
○
○

　　　　　　　　　여러분의 집에는 싱싱한 화초가
있습니까? 단독주택에 사는 사람은 물론이고 아파트에 사는 사
람도 베란다에 화분을 두고 식물이나 채소를 키우는 집이 적지
않습니다.

　초록은 자연의 상징입니다. 자연과 함께 사는 것을 '공생共
生'이라고 말하는데, 집에서 식물을 키우는 일도 공생을 실천하
는 일입니다. 자연과 함께하는 생활에 한층 더 깊이 들어가 보
면 어떨까요? 베란다뿐만 아니라 실내에도 식물을 두어보세요.
그렇게 하면 베란다와 실내가 자연으로 연결되어 안과 밖에 일

체감이 생깁니다. 밖의 자연이 실내에도 스며들어와 더욱 풍요로운 '공생'의 감각을 느낄 수 있습니다.

그리고 실내의 식물을 돌보는 일을 아침 습관으로 만들어 보길 권합니다. 식물을 돌본다는 것이 대단히 거창한 일은 아닙니다. 화분에 물을 주거나 잎에 분무를 해주거나 마른 잎을 제거해주는 등 잠깐이면 할 수 있는 간단한 일들입니다. 중요한 것은 자연을 접하는 그 잠깐의 시간입니다. 때가 되면 꽃이 피고, 잎의 색이 변하고, 열매를 맺습니다. 이처럼 식물은 멈추지 않고 변화하는 생명의 순환을 보여줍니다.

제행무상 諸行無常

이것은 불교의 근본적인 사고방식을 보여주는 말로, '모든 것은 늘 변화해간다. 한 순간도 멈추지 않는다.'는 의미입니다. 매일 아침 잠깐이라도 자연을 접하면 일상에서 제행무상을 느낄 수 있습니다.

"아, 꽃이 폈어! 어젯밤에는 피지 않았는데, 열심히 살아 있구나. 역시 생명은 대단해. 정말 감동스러워."

이런 감동은 우리의 마음에 생명력과 기운을 불어넣어 줍니다. '오늘 하루를 열심히 살자.'는 마음이 들게 해줍니다. 정원이나 베란다에 채소나 허브를 키우는 것도 좋습니다. 방울토

마토를 심었다면 토마토가 익어가는 색깔의 변화를 보면서 '내일 아침에는 따서 샐러드에 넣어 먹어야지.' 같은 즐거움도 생깁니다. 아침에 갓 딴 토마토를 넣은 샐러드는 얼마나 맛있을까요? 한 입 한 입 다른 맛을 느끼니 아침 식사가 평소보다 풍요로워집니다.

허브를 키워 요리에 사용해도 좋고, 허브티를 끓여 매일 아침 마셔도 좋습니다. 직접 키워서 만든 허브티라면 자연스럽게 더 정성껏 끓이게 되겠지요. 물론 아침에 마시는 차 한 잔의 즐거움도 커집니다. 휴일에는 스스로 키운 허브를 사용하여 향낭 만들기에 도전해보면 어떨까요? 만드는 방법은 인터넷에서도 간단히 찾을 수 있습니다. 실내에 은은한 향기가 감도는 것만으로도 마음은 훨씬 온화해지고 또 풍요로워집니다. 앞에서도 말했지만, 손님을 맞을 때 현관에 향낭을 걸어두면 손님에게 상쾌한 기분을 선사할 수 있습니다. 식물을 돌보는 아침 습관을 가진다면, 이렇게 다양한 즐거움이 일상에 펼쳐집니다. 이 정도면 충분히 해볼 만하지 않을까요?

경전이나 좋은 글 필사하기

마음의 흙탕물을 맑게 가라앉힌다

○
○
○
○
○

　　　　　　　　스마트폰을 비롯해서 노트북, 테블릿PC 등 디지털 기기가 발전하면서 펜을 쥐고 글씨를 쓸 기회가 점점 사라져가고 있습니다. 글을 쓴다고 하면 많은 사람들이 컴퓨터 키보드를 두드리는 장면을 떠올립니다. 맞춤법까지 자동으로 교정해주는 컴퓨터의 편리성은 당연히 환영할 만한 일입니다. 하지만 좋은 점만 있는 것은 아니지요. 사람들의 문장력, 특히 어휘력이 떨어진 것도 부정할 수 없는 사실입니다. 무척 간단한 말인데 맞춤법이 헷갈려서 깜짝 놀란 적이 있지 않습니까? 저는 이것이 현대인에게 일종의 위기 상황이라고 생각합니다.

그래서 문장을 손글씨로 쓰는 습관을 들이자는 제안을 하고 싶습니다. 비즈니스 현장에서는 좀처럼 손으로 문장을 쓸 기회가 없습니다. 업무적인 연락을 손글씨 엽서로 보낼 수는 없으니까요. 그렇다면 아침 시간에 써보는 것은 어떨까요? 조금만 일찍 일어나서 글을 써보는 것입니다.

"아침부터 글을 쓰라고요? 생각만 해도 머리에 쥐가 날 것 같아요."

이런 생각이 들지도 모르겠습니다. 하지만 저의 제안은 자신의 문장을 쓰자는 것이 아닙니다. 그렇다면 무엇을 쓰면 좋을까요? 전문 작가가 쓴, 잘 정돈된 글을 필사해봅시다. 조간 신문의 칼럼도 좋고, 좋아하는 수필집의 한 꼭지도 좋습니다. 200자 원고지로 3장 정도만 쓴다고 생각하면 베껴 쓰는 데 시간이 그다지 오래 걸리지 않습니다. 서점에 가보면 필사 전용 노트와 책도 다양하게 판매되고 있습니다. 여러분이 좋아하는 노트나 수첩을 사용해도 상관없습니다.

오랜 시간 철저히 문장 수행을 쌓아온 칼럼니스트나 작가가 다듬고 다듬은 문장은, 어휘도 풍부하고 단어의 사용도 적확합니다. 이렇게 잘 정돈된 문장을 베껴 쓰다 보면 틀림없이 여러분의 문장력이 좋아질 것입니다.

그리고 필사로 단련된 문장력과 어휘력은 편지를 쓸 때 유감없이 발휘될 것입니다. 편지를 받은 사람이 '이 사람은 문장력이 대단해. 이런 편지를 받으니 내 마음도 정돈되는 기분이 들어.'라고 감탄할 것입니다. 편지를 쓴 사람의 인간적인 매력을 더욱 높여주는 것은 말할 필요도 없습니다.

아침 시간에 좀 더 여유가 있다면 필사 다음으로 '사경寫經'을 추천합니다. 사경은 불교경전을 베껴 쓰는 수행의 하나입니다. 최근 아침에 일찍 일어나 사경을 하는 사람들이 늘어나고 있다는 반가운 소식을 들었습니다. 《반야심경般若心經》같은 경전은 '마하반야바라밀다심경'이라는 제목을 포함해 270자, 본문은 260자로 비교적 짧습니다. 견본 위에 비치는 종이를 올려놓고 붓으로 덧쓰는 방식도 있어서 누구나 쉽게 따라 쓸 수 있습니다. 천천히 쓰면 20~30분 정도 걸리고, 보통은 15분이면 충분합니다. 선사에서 열리는 사경 체험에 참여하면 직접 먹을 가는 것부터 다양한 작법까지 본격적인 사경을 배울 수 있습니다. 이때는 글자를 견본 위에 덧쓰는 것이 아니라 보고 따라 쓰기 때문에 시간이 1시간에서 1시간 반 정도 걸립니다. 불교 경전이 아니어도 좋습니다. 크리스천이라면 성경책을 필사하면 되겠지요.

필사는 마음을 안정시키는 가장 좋은 방법입니다. 마지막에 필사를 하면서 느낀 기분을 기록해두는 것도 재미있는 방법입니다. 따로 보관해두면 '내 마음의 역사'가 되겠지요.

"아, 내가 이때 이런 것을 생각했구나. 그 생각이 지금 실현되었나?"

나중에 되돌아보며 자기반성을 할 수도 있습니다. 그 시간은 분명 살아가는 데 훌륭한 '양식'이 될 것입니다.

짧은
기도

원래의 내 모습을
잊지 않도록 자기다짐을 한다

○
○
○
○

요즘 집에 불단을 둔 가정이 얼마나 있을까요? 한때 일본에서는 어느 집에나 불단이 있었고, 아이들도 어른의 행동을 보고 배워 매일 아침 불단 앞에서 손을 모으곤 했습니다. 왜 그러는지 이유는 몰라도 어른들의 모습을 보고 그것이 무척 중요한 일이라고 느끼며 자랍니다. 그리고 성장하면서 불단 앞에서 합장하는 일이 조상을 기리고 생명에 감사드리는 행동이라는 것을 분명히 배웁니다.

지금 나의 생명은 조상이 있었기에 존재합니다. 부모님, 부모님의 부모님으로 거슬러 10대를 올라가 보면 1,000명 이상,

20대를 올라가 보면 100만 명이 넘는 조상이 있습니다. 그중 단 한 사람이라도 없었더라면 지금의 나는 존재하지 않습니다. 조상들이 계속해서 생명을 이어왔기 때문에 지금의 내가 생명을 받을 수 있었던 것입니다.

하지만 현대인은 자신의 생명이 어디에서 왔는지 완전히 잊고 사는 것처럼 보입니다. 자신의 생명은 자신의 것이고, 자신은 혼자 힘으로 살아간다는 사고방식이 만연해 있습니다. 이런 풍조는 집 안에서 불단이 사라지고 그 앞에서 합장하지 않게 된 것과도 어느 정도 관련이 있다고 생각합니다.

일본에는 오래전부터 전해져 내려온 풍습이 있습니다. 바로 '합장'입니다. 일본인의 마음속에 깊이 뿌리내린 문화인데, 저는 이 '사라진 합장'을 되찾는 것이 중요하다고 생각합니다. 매일 아침 불단 앞에서 손을 모으는 일, 일상적으로 조상들에게 감사의 마음을 표하는 일은 삶을 소중히 여기는 마음의 '원점'입니다.

하지만 앞에서 말했듯이 요즘은 불단이 없는 집이 많아졌고, 특히 부모로부터 독립하여 혼자 사는 사람들은 더더욱 불단 앞에 설 일이 없습니다. 이런 세태가 상당히 아쉽기는 해도 세상이 그렇게 변화하고 있으니 되돌리기는 쉽지 않겠지요.

그렇다면 조부모님이나 부모님의 사진, 혹은 절에서 받은 부적이라도 상관없으니 방 안 한곳에 두고 그 주위를 항상 깔끔하게 정돈하여 그 앞에서 합장을 해보면 어떨까요? 성모상이나 십자가 같은 성물도 좋습니다. 내 마음을 편안하게 해주고, 그 앞에서만큼은 가식 없이 진실한 마음으로 기도할 수 있는 공간이면 됩니다. 여기서 여러분에게 소개하고 싶은 짧은 선어가 있습니다.

로 露

이것은 숨길 것이 하나도 없는 상태, 있는 그대로의 자연스러운 모습이라는 의미입니다. '문턱을 넘어서면 적이 7명 있다.'는 속담처럼, 요즘 세상은 경쟁 사회입니다. 집에서 한 발짝만 나와도 누구나 어느 정도는 '전투 모드'가 될 수밖에 없습니다. 자신의 사회적 지위나 역할, 위치를 지켜야만 한다고 생각하고 그런 것에 맞춰 행동합니다. 때로는 허세를 부려야 할 때도 있고, 마음을 억누르거나 꾹 참아야 하는 상황도 있겠지요. 어떤 상황이든 현대 사회에서는 '로'의 상태로 지내기가 몹시 힘듭니다.

하지만 조상 혹은 그것을 대신할 수 있는 어떤 것 앞에서라면, 지위도 역할도 입장도 걷어치우고 '로'가 될 수 있지 않을까요. 다시 말해 '본연의 자신'을 그대로 드러낼 수 있습니다.

본연의 자신으로 있을 수 있는 장소는, 마음의 버팀목이 됩니다. 그 장소에서 '언제나 감사합니다. 오늘 하루도 무사히 보낼 수 있기를.' 혹은 '오늘도 열심히/진실하게/긍정적인 마음으로 살겠습니다.'라는 자기다짐을 하며 손을 모읍니다.

그 시간은 본래의 자신으로 되돌아오는 시간이라고 해도 좋겠지요. 매일 아침 합장하는 습관을 가지면 본래의 자신을 잃어버리지 않습니다. 그리고 마음의 버팀목은 날이 갈수록 더욱 튼튼해질 것입니다.

4장

아침 식사 정성껏 준비하기, 자연의 리듬을 느끼며 천천히 산책하기, 모르는 사람에게 먼저 인사하기, 좋은 글 귀를 소리 내어 읽기, 현관문을 나서기 전에 집 안 둘러보기, 외출하기 전에 내 모습을 스마트폰으로 찍어두기, 출근할 때 동료들에게 활기차게 인사하기, 마음을 담아 차를 끓여 대접하기, '휴일에 하고 싶은 일 리스트' 계획 하기…. 한 순간 한 순간 사는 일에 정성을 다해보세요. 하루에 하나씩, 행운을 불러오는 작은 행동들을 실천해 보면 어떨까요?

하루에 하나씩,
행운을 끌어당기는 행동들

생명 에너지의 근원,
아침 식사를
정성껏 준비한다

○
○
○
○

　　　　　　여러분은 아침 식사를 매일 잘
챙겨 먹습니까? 이 질문에 "예!"라고 답할 사람이 얼마나 있을
까요? 어느 조사에 따르면 아침 식사를 하는 사람이 30대 남성
은 30퍼센트가 조금 넘고, 20대 여성은 25퍼센트에 못 미친다
고 합니다. 아침 식사를 하지 않는 사람이 앞으로 점점 더 늘어
날 것 같습니다.

　　하지만 식사는 생명 에너지의 근원입니다. 하루 세 끼
를 제대로 섭취하는 것은 생명에 대한 애정이고, 생명을 존
중하는 일입니다. 물론 저 역시 아침 식사를 빠트리지 않습니

다. 평소에 저는 아침으로 흰밥에 된장국, 달걀말이, 채소 조림, 매실 장아찌, 채소 절임 등을 먹습니다. 아침 식사 후에 제철 과일을 먹는 것도 좋습니다. 수분이 풍부한 과일은 밤보다 오히려 아침에 먹는 것이 좋다고 합니다.

수행 기간에는 아침으로 죽을 먹습니다. 죽에는 참깨와 소금을 1대 1 비율로 섞어 볶은 후 살짝 찧은 것으로 간을 맞추는데 그것만으로도 무척 맛있습니다. 죽은 발우라고 부르는 옻칠을 한 그릇에 담아 먹는데, 참깨의 향과 옻의 옅은 향기가 어우러져 독특하고 좋은 풍미를 냅니다. 이 죽이 위장 건강을 지켜주는 데 큰 역할을 한다고 생각합니다. 수행 기간 중에 배탈이 나는 운수승은 한 명도 없습니다. 저는 그 이유가 아침에 먹는 죽 덕분이라고 생각합니다.

여러분도 일주일에 한 번이나 두 번은 아침 식사로 죽을 먹어보면 어떨까요. 아침 죽은 특히 여성분들에게 추천합니다. 수행 기간 중에 아침마다 죽을 먹은 덕분에 저는 피부가 밝아졌습니다. 물론 스님들이 먹는 모든 식사가 육류와 어패류를 넣지 않은 채소 요리라는 이유도 있겠지만, 미백 효과의 주역은 죽이라고 생각합니다. 실제로 수행을 시작할 무렵에는 약간 검고 칙칙했던 운수승들이 6개월에서 1년 정도 지난 후에 한없이 맑고 깨끗한 피부로 변한 것을 많이 보았습니다.

내일 아침부터 아침 식사로 죽을 먹어보세요. 다만 한 가지 지켜야 할 것이 있습니다. 죽을 직접 끓여야 한다는 것입니다.

"아침부터 죽을 끓이라고요?"

많은 분들이 오만상을 찌푸리는 모습이 떠오릅니다만, 요령만 익히면 조금도 귀찮지 않습니다. 전날 밤에 쌀을 갈아 뚝배기에 담은 후 물을 부어 준비해두면 됩니다. 아침에 일어나서 가스불을 켜고 끓이기만 하면 됩니다. 이렇게 하면 간단하게 죽을 직접 끓일 수 있습니다. 요즘에는 죽을 만들어주는 전기밥솥도 있다고 하니 그런 것을 사용해도 좋겠지요.

중요한 것은 손수 '정성껏' 아침 식사를 준비하여 먹는다는 것입니다. 사먹는 것과 비교하면 직접 만든 아침 식사는 무엇인가가 분명히 다릅니다. 먹는 자세도 정중해지고, 음식에 대해 감사하는 마음도 더욱 깊어지겠지요. 당연히 "잘 먹겠습니다."와 "잘 먹었습니다."라는 인사도 자연스럽게 입 밖으로 나옵니다.

따뜻하고 부드러운 죽을 먹는 아침 시간을 떠올려보세요. 기분 좋은 온화함이 마음에 흘러들어오는 것 같지 않습니까? 마른 빵을 씹다가 커피를 '원샷' 하고 뛰쳐나가는 아침과는 분명히 다를 것입니다.

한 가지 더 제안해보자면, 아침으로 죽을 먹은 날은 딱 하루 동안만 동물성 단백질을 끊고 채식을 실천해보면 어떨까요? 쉽게 말해 하루를 '디톡스의 날'로 정하는 것입니다. 육식에 치우친 식사를 하면 건강에 문제가 생기기도 쉽고 성격도 급해진다고 합니다. 일주일에 한 번쯤은 채식 디톡스로 마음을 온화하게 가꾸어보세요.

중요한 것은 손수 '정성껏'
아침 식사를 준비하여 먹는다는 것입니다.
사먹는 것과 비교하면 직접 만든 아침 식사는
무엇인가가 분명히 다릅니다.
먹는 자세도 정중해지고,
음식에 대해 감사하는 마음도 더욱 깊어지겠지요.

자연의
리듬을 느끼며
천천히 산책한다

○
○
○
○

　　　　　　아침에 몸을 움직여야 하는 중
요성과 자연을 접하는 것의 의미에 대해서는 앞에서 이야기했
는데 '산책'은 이 두 가지의 요소를 모두 갖춘 활동입니다. 부담
되지 않는 거리를 천천히 걷습니다. 그러면 머리와 몸이 깨어
나고 동시에 계절의 변화를 피부로 느낄 수 있습니다.

　오랫동안 한 지역에 살고 있는 사람은 그렇지 않겠지만,
사회에 나오면서 고향을 떠나 새로운 동네에 자리 잡은 사람들
은 의외로 자신이 사는 곳의 주변 환경을 잘 모릅니다. 주변 환
경을 알아보는 방법으로는 산책이 최고입니다. 산책을 하다 보

면 분명 새로운 것들을 발견할 수 있습니다.

"어머, 이런 곳에 아침 일찍부터 문을 여는 빵집이 있었네.", "우와, 꽤 예쁜 공원이 있었잖아. 화단도 잘 꾸며져 있어." 등등. 새로운 발견은 마음을 들뜨게 하고 산책의 즐거움은 2배로 커집니다. 또한 자신이 사는 곳을 잘 알게 되면 생활할 때 안심이 되지요.

산책의 포인트는 '너그러움'입니다. 매일 아침 반드시 산책을 해야만 한다는 의무감이 생겨버리면 산책을 못한 날 마음의 부담, 즉 스트레스가 쌓입니다. 비가 내리는 날이나, 산책할 마음이 전혀 안 드는 날은 하지 않아도 괜찮다는 '너그러움'을 가져야 합니다.

다양한 분야의 사람들이 산책의 효용에 대해 이야기하는데 그중 몇 가지를 소개해보겠습니다.

- 최고의 치유는 오랜 산책. 다리를 리드미컬하게 움직이면 거미줄을 친 것 같던 머릿속이 말끔해진다. ─앤 윌슨 셰프Anne Wilson Schaef, 임상심리학 박사
- 고민은 산책을 하며 잊어버리는 것이 가장 좋다. 일단 잠시 밖으로 나가보자. 보라, 고민 따위 날개가 돋아나 날아가 버린다. ─데일 카네기Dale Carnegie, 작가

- 행복한 사랑의 순간, 산들바람의 즐거움, 밝은 아침에 산책하며 신선한 공기의 향기를 맡는 일. 이런 것이 인생에 있는 모든 고통과 노력만큼 가치가 없다고 누가 말할 수 있을까? — 에리히 프롬Erich Fromm, 철학자, 사회 심리학자

마음속에 묵혀둔 개운하지 않은 감정이나 고민을 해소해줄 뿐만 아니라 괴로움과 마주하고 극복하는 노력에 필적하는 것. 그것이 산책이라고 인생의 선인은 말합니다. 하루하루를 소중하게 여기며 살아가기 위해서도 산책은 의미가 있습니다. 이런 생각이 들 때가 있지요. "오늘도 어제와 똑같은 날이 반복되는구나. 어째서 이렇게 특별할 것 없는 평범한 나날이 계속될까?"

오늘도 어제 같고 어제도 오늘 같은 변함없는 하루하루가 지긋지긋하게 느껴질지 모르지만, 사실상 똑같은 날이 반복되는 일은 없습니다. 그 어떤 날도 다른 날과는 전혀 다릅니다. 오늘은 오늘만의 빛이 쏟아지고, 바람이 불어오고, 구름이 흘러가고, 때로는 비나 눈이 내립니다. 그리고 오늘을 느낄 수 있는 시간은 인생에서 단 하루, 오늘뿐입니다.

허둥지둥 집에서 나와 버스나 전철을 타고 사무실이 있는 빌딩숲에서 일을 하고, 똑같은 경로로 집에 돌아오는 패턴으로

생활하고 있습니까? 그런 상황에서 어떻게 단 한 번뿐이고 두 번 다시 되돌릴 수 없는 '오늘'을 느낄 수 있을까요?

없습니다. 그렇기 때문에 매일이 특별할 것 없는 똑같은 날로 느껴지는 것입니다. 하지만 짧은 시간이라도 아침에 산책을 하면 오늘만의 빛을, 바람을, 구름을 느낄 수 있습니다. "오늘 햇살은 어제보다 부드러워.", "아, 기분 좋은 바람. 기분을 들뜨게 하는 바람도 있구나." 하며 걸음을 내딛을 때마다 새로운 기분이 끓어오릅니다.

산책은 전혀 새로운 하루하루를 느낄 수 있는 가장 좋은 방법입니다. 매일 똑같은 '특별할 것 없는 날'과는 분명히 다른 단 하루뿐인 오늘을 느낄 수 있습니다. 일단, 지금 당장 잠깐이라도 밖으로 나가보면 어떨까요?

변함없는 하루하루가 지긋지긋하게 느껴질지 모르지만,

사실상 똑같은 날이 반복되는 일은 없습니다.

그 어떤 날도 다른 날과는 전혀 다릅니다.

오늘은 오늘만의 빛이 쏟아지고, 바람이 불어오고, 구름이 흘러가고,

때로는 비나 눈이 내립니다.

모르는 사람에게
먼저 인사를
건넨다

○
○
○
○
○

　　　　　　　　특별한 일이 없는 한 저는 매일
아침 4시 반에 일어납니다. 절의 문을 여는 시간은 5시 15분에
서 30분 사이입니다. 문을 열 때면 늘 똑같은 '아침의 얼굴들'
과 만납니다. 조깅하는 사람, 운동하는 사람, 개를 데리고 산책
나온 사람, 혼자 산책하는 사람 등, 제각각 하는 일은 다르지만
매일 같은 시간에 늘 보는 사람들이 절 앞을 지나갑니다. 나이
도 성별도 제각각입니다. 유유자적한 노인도 있고, 한창 일할
나이로 보이는 젊은이도 있습니다.

　　절 앞을 지나는 모든 사람들에게 저는 "좋은 아침입니다."

라고 인사를 건넵니다. 물론 상대방도 제게 인사로 답합니다. 언제부터 시작했는지 기억은 안 나지만 지금까지 해오고 있는 아주 짧은 매일 아침의 '행사'입니다. 이 아침 인사가 마음을 따뜻하게 해줍니다. 마음의 교류라고 부르기에는 너무나도 사사로운 일이지만, 그저 인사 한마디 주고받을 뿐인데도 확실히 마음이 서로 오고가는 느낌을 받을 수 있습니다. 인사는 '마음의 교류가 시작되는 첫 단추'인 것 같습니다.

아침 산책을 할 때는 물론이고 길을 걸을 때 스쳐지나가는 사람들에게 여러분이 먼저 인사를 건네어보면 어떨까요? 인사 받고 기분 나빠할 사람은 없습니다. 반드시 상대방도 인사를 되돌려주며 미소 지을 것입니다. 그 미소가 내 마음을 따뜻하게 채워줄 것은 말할 필요도 없습니다.

이런 선어가 있습니다.

화안 和顔

부드러운 미소를 지은 표정을 가리키는 말입니다. 불교에 '무재칠시無財七施'라는 말이 있습니다. 가진 재물이 없고 깨달음을 얻지 못했어도, 누구나 남에게 베풀 수 있는 일곱 가지를 가졌다는 의미입니다. 그 일곱 가지 중 하나가 화안시和顔施, 즉 부드러운 미소로 상대방을 대하는 것입니다.

요즘은 인사를 하지 않거나 올바른 인사법을 모르는 젊은 이들이 늘어나고 있는 듯합니다. 가정에서도 부모자식 관계가 예전과 달라져서 '친구 같은 부모'라는 말이 흔해졌고, 그러다 보니 서로 격식을 갖춰 인사를 나누지 않게 되었습니다. 그래서 그런지 밖에서도 웃어른에게 인사하지 않는 아이들이 늘어나고 있습니다. 하지만 그런 시대일수록 더욱 '마음의 교류가 시작되는 첫 단추'인 인사에 대해 다시 한 번 진지하게 생각해 볼 필요가 있습니다.

아침 산책은 사람들에게 인사를 건네기에 좋은 기회입니다. 모르는 사람에게도 인사할 수 있는 사람은 언제 어디서 누구를 만나더라도 부드러운 미소로 인사 건네기를 잊지 않습니다. 인사를 잘하는 사람은 남을 배려하는 사람, 마음이 활짝 열린 사람이라는 인상을 줍니다.

일본어의 '인사'에 해당하는 단어 '애찰挨拶'은 원래 불교에서 나온 말입니다. '애挨'는 앞으로 돌진한다는 의미이고 '찰拶'은 깊이 쳐들어가다, 상대방의 논의를 날카롭게 추궁하여 따진다는 의미입니다. 수행승들이 서로 문답하며 거기에 대한 상대방의 반응을 살펴 수행으로 얻은 역량을 서로 확인하는 것을 '일애일찰—挨—拶'이라고 하는데 '인사'를 의미하는 '애찰'은 여기에서 나온 말입니다. 이런 의미에서 보면 인사는 가장 심플하게 수행을 실천하는 방법이 아닐까요?

뒷정리를
미루지
않는다

여러분은 꼭 해야만 하는 일인데도 시작하지 못하고 시간만 보냈던 적 없습니까? 업무든, 개인적인 볼일이든 마음속으로는 '빨리 해야 하는데….' 하고 애가 타는데도, 막상 몸이 움직여지지 않습니다. 누구나 가끔 그럴 때가 있습니다만, 매사에 그렇다면 문제가 큽니다. 그런데 이 '미루는 습관'은 왜 생기는 것일까요?

미루면 미룰수록 하기 싫어지고 귀찮아지는 게 인간의 심리입니다. 특히 아침에 미뤄두기 쉬운 일로 가장 먼저 꼽을 수 있는 것이 설거지입니다. 나도 모르게 미뤄버립니다. 그 결과

싱크대에 지저분한 그릇이 산더미처럼 쌓여 보기만 해도 '아, 지긋지긋해.' 하는 기분이 듭니다. 해결할 방법은 없을까요?

이제 식사의 '스타일'을 바꿔보면 어떨까요. 음식을 먹은 후에는 곧바로 사용한 그릇과 조리도구를 씻어 원래 위치로 되돌려 놓습니다. 여기까지를 '식사의 과정'이자 '식사 시간'으로 정하는 것입니다. 누구나 한 번쯤은 이런 경험이 있을 것입니다. 음식을 만든 냄비나 프라이팬을 씻지 않고 오래 놔두었다가 음식 찌꺼기가 말라붙어 아주 힘들게 닦아낸 경험 말입니다. 쓰자마자 곧바로 설거지를 했더라면 아주 쉽게 닦였을 텐데, 미루는 습관 때문에 고생을 사서 한 셈입니다. 식사를 한후에 곧바로 설거지를 하면 세재와 물도 적게 들어 환경에도 좋고 경제적인 면에서도 이득입니다.

이 일련의 뒷정리 과정 중에서 특별히 중요한 포인트는 '되돌려놓는다.'는 것입니다. 스님들이 수행 기간 동안 매일 아침 반드시 해야 하는 일이 바로 '청소'입니다. 당연히 복도 바닥을 닦거나 마당을 쓸어냅니다. 하지만 닦거나 쓰는 일만 끝났다고 해서 청소가 끝난 것은 아닙니다. 걸레나 빗자루 등의 청소 도구를 다시 깨끗한 상태로 만들어서 원래 있던 자리에 되돌려놓아야만 그때 비로소 청소가 끝납니다.

수행할 때 사용하는 청소 도구는 모두 함께 사용하는 공용

도구이므로 누군가가 아무 데나 두면 다음 사람이 사용할 때 여기저기를 뒤져봐야만 합니다. 항상 정해진 장소에 원래 모습대로 놓아두어야, 즉 사용했다면 되돌려놓아야 모두가 청소를 문제없이 할 수 있습니다.

일상생활에서도 마찬가지입니다. 물건들이 항상 정해진 자리에 있다면 사용이 훨씬 편리해지고 스트레스도 현격히 줄어듭니다. 텔레비전이나 에어컨을 켤 때 "어? 리모컨 어디 갔지?" 하며 방 안을 두리번거린 경험은 누구나 있을 것입니다. 아무렇게나 사용하고 아무 데나 놓아두면 생활이 불편해지고 귀중한 시간을 낭비하게 됩니다.

어떤 것이든 물건을 사용했다면 전부 원래 있던 자리로 되돌려놓아야 합니다. 저는 이것을 '물건에 주소를 붙인다.'고 말합니다. 이런 습관은 사소해 보이지만 상당히 중요합니다. 우선은 아침 식사 후 곧바로 뒷정리부터 해보세요. 청소가 끝나면 청소 도구를 제자리에 놓듯이, 그릇들을 설거지통에 쌓아두지 말고 원래 놓아져 있던 그 자리에 놓아두었을 때 비로소 식사가 끝났다고 여기면 됩니다.

"있어야 할 것이, 있어야 할 자리에, 있어야 할 상태로 있다." 이것은 자연스럽게 있는 것의 소중함, 귀중함을 표현한 말입니다. 물건도 항상 있어야 할 자리에 확실히 있는 것이 좋습니다. 물건을 제자리에 두는 습관을 들이면 방이나 거실이 어질러질 일이 없습니다. 그러면 생활공간이 정돈되고 생활이 편안해지고 아름다워집니다.

한 가지 더, 무엇이든 곧바로 뒷정리하는 습관이 들면 업무능력도 향상됩니다. 실수가 적어지고 일의 효율이 높아지기 때문입니다. 예를 들어 엄청나게 많은 영수증을 한 달 동안 모아두었다가 한 번에 처리하는 직장인이 있다고 칩시다. 그것을 처리하는 데만 꽤 긴 시간이 걸릴뿐더러 "그 영수증이 어디로 갔지? 금액이 큰 거라 없어지면 큰일 나는데." 하는 곤란한 상황이 생길 수도 있습니다.

미루지 않고 그때그때 곧바로 하는 습관을 들이면 이런 업무는 긴 시간을 쓰지 않고도 신속, 정확하게 처리할 수 있습니다. 이메일 답장은 물론이고 자료나 서류 전달 등 어떤 일이든 마찬가지입니다.

아침 식사 후 뒷정리를 미루는 사람이 회사 업무는 미루지 않고 바로바로 할까요? 그럴 리 없습니다. 오늘부터 '미루지 않는다! 곧바로 한다!' 습관을 들여보세요.

좋은 글귀를
소리 내어
읽는다

○
○○
○○
○

'이심전심以心傳心'이라는 말, 꽤
자주 쓰입니다. 그런데 이 말이 불교에서 유래한 말이라는 것
을 아는 사람은 많지 않습니다. 말이 아닌 마음에서 마음으로
생각을 전한다는 의미입니다. '이심전심'만큼 널리 알려지지는
않았지만 '일기일회一期一會'도 불교에서 나온 단어입니다.

'일기일회'는 엄밀히 말하면 선어라기보다는 다도茶道에서
탄생한 말입니다만, 선과 다도의 사상은 서로 깊은 연관이 있
으므로 여기에 담긴 생각도 선의 마음과 같다고 생각합니다.
이 말은 '그 사람과 만나는 그 시간은 평생에 한 번뿐이며 두 번

다시 돌아오지 않는다.'는 의미입니다. 그러므로 그 순간을 소중히 여기고 상대에게 할 수 있는 모든 성의를 다 베풀라는 말입니다.

선어는 기나긴 선불교의 역사 속에서 창시자를 비롯한 수많은 고승과 명승이 경험을 통해 얻은 삶의 지혜를 짧은 말에 응축한 것입니다. 사람들에게 선의 가르침을 전달하고 깨달음으로 가는 길을 알려주기도 하지요. 모든 사람에게 살아가는 데 든든한 버팀목이 되어줍니다.

그런 선어를 가장 또렷하게 깨어 있는 아침에 읽는다면 얼마나 좋을까요. 아침 일과로 정해두고 한 가지 선어를 소리 내어 다섯 번 읽어보세요.

이때 눈으로만 읽는 것이 아니라 목소리를 내어 읽는 것이 포인트입니다. 묵독을 하면 글이 눈으로만 들어오지만, 소리를 내면 눈뿐만 아니라 귀로도 들어옵니다. 귀를 통해 소리로 들어온 글은 마음을 울립니다.

진언종眞言宗을 창시한 홍법대사弘法大師 공해空海 스님이 다음과 같은 말을 했습니다.

"진언을 말하면 그 진언이 빛이 되어 자신을 감싼다."

진언은 '진실한 말'이라는 의미입니다만, 넓은 의미로는 주문 같은 짧은 불경이라고 생각하면 됩니다. 진언을 말하면 빛에 둘러싸인다고 공해 스님은 말합니다. 단순히 글자를 눈으로 따라가는 것이 아니라 소리를 내어 읽는 것이 얼마나 중요한지를 알려줍니다.

서점에 나와 있는 선어를 담은 많은 책 중에서 한 권을 골라 구입하여 매일 아침 읽어보세요. 아침마다 적당히 책을 펼쳐 그 페이지에 있는 선어를 다섯 번 읽고, 선어가 전하고자 하는 말을 마음의 버팀목으로 삼아 그날 하루를 보내봅시다. 크리스천이라면 성경책이나 묵상집으로 대신하면 됩니다.

어느 날 문득 펼친 페이지에 나온 선어가 '일일시호일日日是好日'이라면 어떨까요. 오늘 하루 동안 좋은 일, 즐거운 일이 있을지도 모르고 반대로 힘든 일, 괴로운 일을 만날지도 모릅니다. 좋은 일만 있다고 해서 무조건 좋은 날도 아니고, 힘든 일이 생겼다고 해서 나쁜 날도 아닙니다. 괴로운 일도 오늘 나만이 맛볼 수 있는 소중한 인생의 체험이니까요. 이 말은 '날마다 날마다 좋은 날, 그 어떤 날도 무엇과 바꿀 수 없는 좋은 날'이라는 의미입니다.

이 선어를 마음에 새기고 버팀목 삼아 하루를 보냅니다. 그러면 혹시 일이나 인간관계에서 힘든 일이 생겨도 '이러다 죽을 것 같아. 하지만, 잠깐만. 이것도 내 인생에 소중한 경험이겠지. 그렇다면 이 괴로움도 꿋꿋하게 받아들여야지.' 하는 생각이 듭니다.

선어를 마음의 버팀목으로 삼으면 마음의 상태도 변화합니다. 죽을 것 같이 괴롭고 힘든 경험도 정면으로 받아들여 인생을 살리는 경험으로 바뀝니다.

막망상莫妄想. 이런 선어가 담긴 페이지를 펼친 날은 어떤 하루가 될까요. 이 말은 '망상 따위는 해서는 안 된다.'는 의미입니다. 망상의 가장 두드러진 특징은 이미 지나버려서 고칠 수 없는 과거를 계속해서 후회하거나 아직 오지 않은 미래에 대한 불안을 끌어안고 사는 것입니다. 하지만 이 선어를 하루의 버팀목으로 삼으면, '그때 이렇게 했다면 좋았을까? 아니, 아니, 이런 생각이야말로 망상이야. 중요한 것은 지금이야. 어쨌든 오늘을 열심히 살자.' 하는 생각을 하게 됩니다.

현관문을
나서기 전에
집 안을 둘러본다

○
○
○
○

　　　　　　　　　　여러분은 아침에 집을 나서기
전 마지막으로 무엇을 합니까? 거울을 보면서 옷매무새를 가다
듬거나 지갑, 휴대전화 등 빠트린 소지품은 없는지 살펴볼 것
입니다. 외모도 중요하지만, 집 안 전체를 마지막으로 체크해
보길 제안합니다. 물건들이 있어야 할 자리에 제대로 있는지,
산만하게 흐트러져 있지는 않은지 등을 한 번 전체적으로 확인
해보세요.
　　일본의 전철역에서는 전철이 승강장을 출발할 때 역무원
이 손가락으로 가리키며 안전을 점검합니다. 일본에서는 쉽게

볼 수 있는 광경이지요. 그 장면을 직접 보면 '뭘 저렇게까지 하나.' 싶은 사람도 있을 것입니다. 하지만 저는 손가락으로 가리키며 꼼꼼히 점검하는 덕분에 안전성과 정확성을 유지할 수 있다고 생각합니다. 어떤 일이든 가장 기초적이고 사소한 부분도 빠트리지 않고 정성껏 임하는 자세가 중요합니다.

작은 일을 소홀하게 여기는 사람은 결코 큰일을 이루지 못합니다. 손가락으로 세세하게 지적하며 점검하는 습관을 일상생활에도 도입해보세요.

저는 '선의 정원'을 디자인하고 만드는 일이나 강연을 하기 위해 매년 수차례씩 해외로 나갑니다. 어느 곳에 가든 호텔에 투숙한 후 체크아웃하기 전에 반드시 손가락으로 각 구역을 가리키며 점검합니다. 욕실 OK, 옷장 OK, 침대 OK, 금고 안 OK, 휴지통 OK…, 이런 식으로 2번씩 점검합니다. 그래서인지 물건을 잃어버리는 일도 없고, 욕실의 수건과 침대 커버 등도 나름대로 잘 정리해두고 호텔을 나섭니다. '집도 아니고 호텔인데 뭘 그렇게까지….'라는 사람도 있겠지만, 머문 자리를 정돈하고 체크하는 게 습관이 되어서 그런지, 그래야 제 마음이 편합니다.

'나는 새는 뒤를 어지르지 않는다.'는 일본 속담이 있습니다. 떠날 때는 머문 자리를 깨끗하게 하라는 의미입니다. 여러분도 집을 나서기 전에 마지막으로 점검해보고 문제를 발견하면 곧바로 정돈해보세요. 소파 위에 잡지가 아무렇게나 놓여 있거나, 식탁 의자가 튀어나와 있거나, 커튼이 반만 열려 있거나, 화분이 비뚤어져 있는 등 신경이 쓰이는 부분을 그대로 방치해두지 말고요.

"그렇게 세세한 것까지 신경 쓰지 않아도 괜찮지 않나요?"

이렇게 생각한다면 미야자키 에키호宮崎奕保 선승의 이런 말을 들려드리고 싶습니다.

"(벗은) 슬리퍼를 가지런히 놓는 것은 당연한 일이다. 슬리퍼가 흐트러져 있다면 그대로 두지 말라. 슬리퍼가 비뚤어져 있는 것은 자신이 비뚤어져 있는 것이다. 자신이 비뚤어져 있으니 비뚤어진 것을 고치지 못한다. 물건을 놓을 때도 뒤죽박죽 놓은 것과 똑바로 놓은 것은 전부 마음이 드러나는 것으로, 마음이 똑바르다면 모든 물건을 똑바로 둬야 한다."

미야자키 선승은 2008년 1월 5일에 108세의 나이로 세상을 떠났습니다만, 100세를 넘었을 때 다시 젊은 운수승들과 함께 수행 생활을 하셨다고 합니다. "나는 수행을 하는 것이 아니라 당연한 일을 하고 있을 뿐이다. 그것 외에 할 일은 없다."라고도 말씀하셨습니다.

아직도 잡지가 흐트러져 있고, 의자가 비뚤어져 있는 세세한 부분은 신경 쓰지 않아도 상관없다고 생각합니까? 물건을 놓는 방식 하나에도 마음이 고스란히 드러납니다. 흐트러지고 비뚤어진 마음으로 집을 나서도 괜찮을까요? 그렇지 않습니다. 괜찮지 않다면 흐트러진 물건은 정리하고 비뚤어진 물건은 똑바로 놓는 데 걸리는 잠깐의 시간과 수고를 아까워해서는 안 됩니다.

손가락으로 가리키며 하는 점검은 '시각'을 사용하는 방법인데 이때 '청각'과 '후각'도 동원해봅시다. 예를 들어 세면대의 수도꼭지가 완전히 잠겨 있지 않다면 물방울이 떨어지는 소리가 들릴 것입니다. 청각이 그 소리를 잡아내면 수도꼭지를 잘 잠글 수 있습니다. 커피메이커의 스위치를 켜진 채로 놔두었다면 무언가 타는 듯한 냄새가 납니다. 그 냄새를 맡는 것이 후각의 일입니다. 후각을 발휘하면 커피메이커를 끄지 않고 집을 나서는 일을 막을 수 있습니다. 이렇게 오감을 사용해서 외출하기 전에 집 안을 점검하는 일은, 단 몇 분이면 충분합니다.

공간을 정돈하는 일은 마음을 정돈하는 일입니다. 꼼꼼하게 점검하여 매일 아침 단정한 마음으로 집을 나서보세요.

외출하기 전에
내 모습을
스마트폰으로
찍어둔다

○
○
○
○
○

　　　　　　　　　사람은 타인을 계속해서 신경
쓰는 존재입니다. 때로는 신경을 쓰는 정도를 넘어 꽤 자세히
관찰하기도 합니다. 그리고 그 관찰이 매서운 비평으로 이어지
기도 합니다. "저 친구는 센스는 나쁘지 않은데, 지나치게 화려
해. 좀 시크한 스타일이면 좋을 텐데." 혹은 "브랜드도 좋지만
저렇게 지나치게 브랜드로만 꾸미는 건 개성이 너무 없지 않
나." 등등.

　　이런 비평이 정곡을 찔렀는지 아닌지는 차치하고, 일단 이
렇게 세세한 부분까지 남을 관찰하고 있다는 것은 확실합니다.

하지만 자기 자신에 대해서는 의외로 자세히 살펴보지 않습니다. 좀 전에 시크한 스타일을 추구하는 사람이 사실은 비평의 대상이 되었던 사람보다 더 과하게 화려한 스타일을 하고 있거나, 개성의 중요성을 말했던 사람이 정작 자신의 스타일은 놀랄 만큼 평범한 경우도 드물지 않습니다. 어쩌면 자신이 어떤 행동방식을 취하는지, 어떤 표정으로 사람을 대하는지 스스로는 볼 수가 없으므로 자신을 자세히 알기 힘들지도 모릅니다. 불교에는 이런 말이 있습니다.

위의즉불법 威儀卽佛法

'위의를 갖추다.' 같은 표현도 있는데 여기에서 '위의威儀'는 몸가짐이나 행동을 가리킵니다. 즉 몸가짐과 행동을 바르게 갖추는 것이 그대로 불법佛法을 따르는 생활방식으로 이어진다는 의미입니다. 그러므로 관찰의 시선은 타인이 아닌 오히려 자신을 향해야 합니다.

자신의 몸가짐과 행동을 확인하는 것을 아침 일과로 넣어보면 어떨까요? 오늘 하루를 어떤 옷차림과 행동과 표정으로 시작하고 있는지를 확인하는 습관을 갖는 것입니다. 가장 쉬운 방법은 외출 직전에 거울 앞에 서보는 것입니다. 옷매무새가 흐트러져 있지 않은지, 자세가 곧고 당당한지, 표정이 밝고 유쾌한지…. 집을 나서는 자신의 모습을 다양한 관점에서 체크해 봅니다.

집을 나오기 직전 현관에서 확인하면 가장 좋겠지만 "우리 집에는 거울이 세면대에밖에 없는데요."라는 사람도 있을지 모릅니다. 그렇다면 스마트폰으로 오늘 아침의 내 모습을 찍어보면 어떨까요. 현관에서 찰칵 하고 찍은 사진을 통해 전체적인 옷차림의 상태를 확인할 수 있고, 자세와 표정도 체크할 수 있습니다.

"목이 좀 허전하네. 스카프를 두르는 게 좋을까."라거나 "아, 표정이 어두워. 밝은 표정으로 나가자." 이렇게 말이지요. 사진의 장점은 기록으로 남는 것입니다. 그 장점을 활용해보세요. 예를 들어 평소보다 기분이 좋고 일도 적극적으로 했던 날이 있을 것입니다. 기분이 가라앉을 때 그날의 사진을 꺼내봅니다. 그러면 "그렇구나. 그날은 이런 옷을 입었지. 좋아, 오늘도 같은 옷을 입어볼까."라며 기분 전환을 해볼 수 있습니다.

사람은 입는 옷에 따라 기분도 변합니다. 정치인들은 잘 고른 컬러 하나로 당선되기도 합니다. 옷이든 공간이든 컬러가 주는 이미지는 생각보다 큽니다. 매일 찍은 셀카 사진을 모아두면 자신의 행운의 색이나 승리의 옷이 무엇인지 확실히 알 수 있을지도 모릅니다. "오늘 회의는 중요해. 이런 날에는 역시 짙은 남색 정장이지." 하는 식으로 말입니다. 자신의 행운의 색이나 승리의 옷을 파악하는 것은 사회생활에서 상당히 좋은 '전략'입니다.

출근할 때
동료들에게
활기차게 인사한다

○
○
○
○

앞에서도 인사의 중요성에 대해 이야기했습니다만, 이번에는 출근해서 회사 동료나 선후배에게 하는 인사에 대해 생각해보겠습니다. 불과 한 세대 전 만해도 부하직원이 상사에게 먼저 인사하는 것이 직장인의 상식이었습니다. 인사를 하지 않는 부하직원이 있으면 상사는 "자네는 인사도 제대로 못하나. 인사는 사회생활의 기본이야!"라며 혼내기도 했지요. 요즘은 시대가 변해 이런 수직관계가 사라지고 있지만, 앞에서도 이야기했듯이 '인사를 못하는 젊은이'는 큰 문제입니다.

그 원인은 뚜렷합니다. 인사 교육이 제대로 이루어지지 않아 젊은 세대가 인사에 익숙하지 않기 때문입니다. 물론 인사가 사회생활의 기본이라는 사실은 지금도 변함없기 때문에 인사를 잘 못해서는 곤란합니다. 고작 '익숙하지 않다.'는 이유만으로 인사 못하는 것을 묵인할 수는 없습니다.

만약 여러분의 직장에서도 같은 상황이라면 젊은이들이 인사에 익숙해지도록 도와주는 역할을 맡아보세요. 회사 내에서 항상 내가 먼저 인사를 하는 것입니다. 상사든 부하직원이든 가리지 않고 누구에게나 먼저 인사해봅니다.

"좋은 아침입니다."

밝고 큰 목소리로 인사하면 분위기가 부드러워지고 활기도 생깁니다. 누군가가 먼저 인사를 해오면 아무리 젊은 세대라고 해도 인사로 답합니다.

"배우기보다는 익숙해져라."는 말이 있습니다만, 지금의 젊은 세대는 말로 가르쳐도 쉽게 이해하거나 받아들이지 못합니다. 아는 것만 많고 행동은 따르지 않는 이들도 많지요. 일부 젊은이들은 "회사는 일하는 곳이잖아요. 일만 제대로 하면 되지 인사 같은 건 하든 안 하든 상관없지 않습니까?"라고 억지를 부리기도 합니다.

그런 억지스러운 말을 미리 막는 방법이 바로 솔선수범입니다. 상사나 선배가 먼저 인사를 건넨다면 아무리 되바라진 젊은이들도 싫든 좋든 인사로 답하게 됩니다. 그러면 젊은 후배도 인사 나누기의 즐거움을 조금씩 알게 됩니다. 몸으로 느낄 테니까요.

즐거운 기분은 그 무엇보다 큰 행동의 에너지원입니다. 머지않아 아침에 얼굴을 마주치면 자연스럽게 누가 먼저랄 것도 없이 인사를 나누게 될 것입니다. 선에서는 '애어愛語'를 사용하라고 가르칩니다. 애어에 대해 도겐 선승은 "애어는 능히 천하를 뒤바꿀 힘이 있음을 배워야 할지니."라고 말했습니다.

남을 배려하고 사랑하는 마음에서 나온 말은, 천지를 뒤집을 만한 힘, 즉 세상을 움직일 만큼의 힘이 있다는 사실을 배워두라는 의미입니다.

"하지만 어떤 말이 애어인지 잘 모르겠어요."

이렇게 감이 안 오는 사람도 있겠지요. 하지만 어렵게 생각할 것은 없습니다. 저는 밝고 기운찬 아침 인사도 훌륭한 '애어'라고 생각합니다. 먼저 아침 인사를 건네는 자신도, 인사를 받는 상대도 기분이 좋아집니다. 아침 인사는 애어의 조건을 충분히 갖췄습니다. 오늘부터 회사에 가면 경쾌한 아침 인사로 하루를 시작해보세요.

마음을 담아
차를 끓여
대접한다

○
○ ○
○ ○
○

저는 회사에 다녀본 적이 없어
서 어떤지 잘 모르겠습니다만, 예전에는 텔레비전 드라마나 영
화를 보면 손님에게 차를 대접하는 일은 꼭 여성이 담당했습니
다. 회사 임원에게 차를 내주는 사람도 여사원이었고요. 요즘
은 그렇지 않겠지만, 예전에는 그랬습니다. 게다가 차를 내오
는 일을 '보잘것없는 일'로 여겨, 이것을 여성비하의 대표적인
장면으로 꼽기도 했습니다. 하지만 '고작 차를 준비하는 일'이
아닙니다. '무려 차를 준비하는 일'입니다. 혹시 '삼헌차三獻茶'라
는 말을 들어본 적이 있습니까?

오다 노부나가織田信長가 사망한 후 천하통일을 눈앞에 둔 도요토미 히데요시豊臣秀吉의 일화입니다. 히데요시가 오미나가하마近江長浜 성의 성주였을 무렵 사냥을 하던 도중에 목을 축이기 위해 한 절을 방문합니다.

차를 내오라는 히데요시에게 절에 있던 소년이 큰 찻잔에 담긴 차를 가지고 옵니다. 찻잔에는 미지근한 차가 넘칠 만큼 가득 담겨 있었습니다. 목이 너무 말랐던 히데요시는 그 차를 한 번에 다 마셨습니다. 그리고 "한 잔 더 부탁하네."라고 요청합니다.

이번에 소년은 조금 작은 찻잔에 약간 따끈한 차를 담아서 가지고 왔습니다. 히데요시의 마음에 어떤 생각이 떠올랐습니다. 그리고는 세 번째 차를 요청했습니다. 세 번째 차는 자신의 생각을 확인하기 위해서 요청한 것이기도 했겠지요. 잠시 후 소년은 더 작은 찻잔에 뜨거운 차를 끓여서 내왔습니다.

'과연 내 생각대로구나!'

히데요시는 마음속으로 기뻐하며 박수를 쳤습니다. 첫 번째 잔은 미지근한 차를 큰 찻잔에 가득 담아 갈증을 해소해주었고, 두 번째 잔으로는 따뜻한 차를 즐길 수 있었고, 세 번째에는 뜨거운 차를 천천히 음미할 수 있었습니다. 히데요시는 그런 소년의 마음 씀씀이를 이해한 것입니다. 히데요시는 이 소년을 자신의 밑에서 일하게 합니다. 이 소년이 나중에 히데요시의 측근 중의 측근이 되는 이시다 미츠나리石田三成입니다.

히데요시는 차를 끓이는 방법 하나로도 인물을 알아보는 혜안이 있었던 것입니다. 또한 차를 대접한다는, 언뜻 보기에 아무것도 아닌 행위만으로 히데요시에게 자신의 재능을 인정받은 미츠나리의 지혜도 눈부십니다. 이 일화를 듣고 나니 '차를 끓이는 일 따위 보잘것없는 일이잖아?' 하는 선입견이 조금은 엷어졌을 거라 생각합니다.

일본어 '오모테나시'는 손님에 대한 대접, 환대를 뜻하는 말입니다. 2020년 도쿄올림픽을 유치할 때 이 말이 세계적으로 알려졌지요. 남을 대접하는 오모테나시의 마음이 있는지 없는지는 차를 끓이는 방식에도 확실히 드러납니다. 의무적으로 적당히 끓이는 차에는 남을 정성껏 대접하는 오모테나시의 마음을 느낄 수 없습니다. 하지만 차를 마실 사람을 생각하는 정성을 더하면 어떻게 될까요? 차를 끓이는 방법이 달라지고, 찻잔의 크기나 찻물의 온도도 달라질 것입니다. 상대를 대접하고자 하는 마음도 전달되겠지요.

회사에는 뜨거운 차를 좋아하는 사람도 있고 조금 미지근한 차를 좋아하는 사람도 있습니다. 또 진하게 우러난 떫은 차를 좋아하는 사람도, 반대로 떫지 않은 차를 좋아하는 사람도 있습니다. 여러분이 대접하고 싶은 사람이 있다면 그 사람의 취향을 파악하여 거기에 맞게 차를 준비해보세요. 별로 어려운 일이 아닙니다. 손이 많이 가지도 않고요. 미지근한 차를 내리려면 먼저 물을 부어 식히면 되고, 뜨거운 차를 내리려면 마지막에 물을 부으면 됩니다. 차를 진하게 우리거나 연하게 우리는 것도 물을 붓는 순서나 우리는 시간을 조정하면 가능합니다.

　이렇게 차를 준비하면 마시는 사람이 '나를 생각하고 나를 위해 차를 끓였구나.'라고 감사의 마음을 느끼게 됩니다. 오모테나시의 마음이 전해집니다. 취향 따위 무시하고 똑같이 끓인 차와는 전혀 다릅니다. 회사를 방문한 손님을 대할 때도 마찬가지입니다. 만약 더운 계절이라면 우선 시원한 차를 먼저 내고, 상황을 봐서 뜨거운 차를 내놓으면 오모테나시의 마음이 충분히 전해지겠지요. 나의 작은 배려로 누군가가 기뻐하는 모습을 보면 나 자신도 기쁩니다.

　'차를 끓이는 일 따위 보잘것없고 귀찮아.' 이런 부정적인 기분으로 아침을 시작할지, 정성껏 차를 끓여서 거기에서 얻은 기쁨을 음미하면서 시작할지, 어느 쪽을 선택할지는 여러분의 몫입니다.

휴일에도 평소의
생활 리듬을
유지한다

○
○
○
○

　　　　　　　　여러분은 휴일 아침을 어떻게
보냅니까? '기회는 이때다.' 하는 마음으로 "최대한 늦게까지
자야지." 하는 사람이 적지 않을 것입니다. 할 수만 있다면 하
루 종일 침대에 누워 있고 싶지요.

　저는 해외출장이나 강연 등으로 피로가 쌓였을 때는 조금
더 자는 날도 있지만, 절에는 휴일이 없으므로 토요일, 일요일
은 물론이고 명절, 국경일에도 평소와 거의 다름없는 생활을
합니다. 기상 시간은 평소와 똑같이 4시 반입니다.

　일주일 동안 열심히 일했으니 휴일에 늦게까지 자면서 피

로를 푸는 것도 나쁘지는 않습니다. 다만 생활 리듬이 무너지지 않도록 주의해야 합니다. 이런 경험을 한 번쯤 해보았을 것입니다. 휴일이라고 점심때까지 자고 일어난 후에 느슨해진 페이스로 하루를 멍하니 날려버린 경험 말입니다. 별로 보고 싶지도 않은 텔레비전을 켜놓고 빈둥거리다 정신 차려 보면 어느새 밤이 되어 있습니다. 그런 날은 늦잠을 심하게 자서 밤에 잠도 안 옵니다. 어쩔 수 없이 또 늦게 잠들고, 그러면 다음 날 아침에 일어나기가 몹시 힘들어집니다.

휴일 늦잠의 범위를 '평소의 기상 시간 플러스 1시간'으로 정해보면 어떨까요? 스님들이 수행하는 기간에도 휴일이 있습니다. '방참放參' 혹은 '사구일四九日'이라고 하여 매월 4 또는 9가 붙는 날이 거기에 해당합니다. 사찰에 따라 다르지만 그날은 기상 시간이 1시간 늦고 청소나 풀 뽑기 같은 일을 하지 않으며, 밤 좌선도 없습니다. 일종의 '특전'이지요. 평소의 수행에서 해방되는 그날에 운수승들은 정발淨髮이나 세탁, 옷수선을 합니다. 어느 정도 수행 기간이 지나면 외부에 일용품을 사러 나갈 수도 있습니다.

옛날에는 사구일에만 목욕을 할 수 있었습니다. 옛날 운수승들은 목욕하는 날이 가장 기다려지는 날이었다고 합니다. 무엇보다 목욕도 심신을 깨끗하게 하는 중요한 수행이므로 지켜야 할 법식이 정해져 있어 목욕 중에는 개인적인 이야기가 금지되어 있었습니다.

물론 스님들과 여러분의 일상은 다릅니다. 하지만 누구나 휴일에는 생활의 강약을 조절하고 열의를 다지는 일을 할 수 있습니다. 침대에 누워 오전을 보내고, 그 흐름 그대로 적당히 휴일을 끝내버리는 것이 아깝지 않습니까? 운동으로 땀을 흘리며 심신의 활력을 되찾아보는 것은 어떨까요? 미술관이나 박물관에 찾아가 지적인 안목을 높이는 것도 좋을 것 같습니다. 영화나 연극을 보거나, 쇼핑을 즐기며 마음에 에너지를 충전하는 것도 좋겠지요. 어떤 일이든 상관없으니 휴일의 귀중한 시간을 어떻게 활용할지 자신만의 방법을 생각해보면 어떨까요. 그런데 휴일을 의미 있게 보내기 위해서는 하루의 출발점이자 첫 단추인 아침을 어떻게 보내느냐가 중요합니다.

가능하면 평소와 다름없는 시간에 일어나거나, 늦어도 '플러스 1시간' 안에 일어나보세요. 휴일 기상 시간이 휴일 전체를 바꾸고, 나아가 몸과 마음이 동시에 상쾌한 월요일 아침으로 이어집니다.

휴일 오전 일과를
정해두고
활기차게 실천한다

○
○
○
○
○

　　　　　　　　　휴일에 한없이 늦잠을 자게 되
는 이유는, 딱히 해야 할 일이 없어서입니다. 휴일에 할 일을
정해두지 않으면 아무래도 '오늘은 특별히 할 일도 없고, 그냥
잠이나 더 자야지.' 하게 됩니다. 반대로 해야 할 일이 정해져
있으면 평소보다 조금 더 자더라도 꾸무럭거리지 않고 일어나
게 됩니다.
　　그렇다면 휴일 오전에 할 일을 정해보면 어떨까요? 제가
추천하고 싶은 휴일 아침 일정은 바로 세탁입니다. 물론 일주
일치 빨래를 내내 쌓아두었다가 휴일에 한꺼번에 하라는 의미

는 아닙니다. 앞에서 얘기했듯이 설거지든 빨래든, 쌓이면 쌓일수록 점점 더 하기 귀찮고 쉽게 손이 가지 않습니다.

일단 매일 혹은 이틀에 한 번 세탁할 것과 휴일에 세탁할 것을 나눠봅시다. 속옷, 양말, 티셔츠 등 부피가 작은 세탁물은 매일 혹은 이틀에 한 번 빨고, 이불이나 침대 커버, 두꺼운 의류처럼 부피가 큰 세탁물을 휴일에 빠는 방식입니다. 요즘은 대부분 세탁기를 사용하기 때문에 빨랫감과 세재를 넣고 버튼만 누르고 나면 세탁이 완료될 때까지 한두 시간 여유가 있습니다.

휴일 아침에 일어나면 우선 세탁기를 돌려놓고, 전날 빨래 건조대에 널어두었던 세탁물을 걷어서 차곡차곡 개어놓습니다. 수건은 수건대로, 속옷이나 양말도 반듯반듯하게 접어서 제자리에 넣어놓지요. 너저분한 거실과 침실을 조금 정리하고, 차를 한 잔 마시며 잠시 쉬다 보면 세탁이 끝났다는 소리가 들려옵니다. 빨래를 팡팡 털어서 널면 정말 '빨래 끝!'이지요.

이틀에 한 번 세탁을 할 경우에는 다음 날 아침에 걷어서 개어둡니다. 물론 아침에 널었다면 밤에 개는 것이 좋지만, 밤에는 퇴근이 늦어지기도 하고, 피곤하기도 하므로 귀찮아서 건너뛰기 쉽습니다.

평일 아침에는 작은 세탁물을 돌리는 사이에 전날 널었던 세탁물을 걷어서 개고, 휴일 아침에는 큰 세탁물을 세탁하고 밤에 개어서 정리하는 일정을 정해놓으면 서서히 생활 스타일로 정착됩니다. 빨리 마르는 작은 세탁물만 있다면 평일에 아무도 없는 방 안에 널어도 괜찮겠지요. 휴일에는 큰 세탁물을 햇볕에 말립니다.

이런 세탁 방식을 새로운 습관으로 들이면 어떨까요.

"뭐라고요? 평일 아침에 빨래를 걷어서 개라고요? 여태껏 생각해본 적도 없는데요."

이렇게 생각할 분이 적지 않을 것입니다. 하지만 어떤 생활 스타일이나 생활 습관도 첫 걸음을 내딛는 것에서부터 시작됩니다.

수행 사찰에는 '제중制中'이라는 기간이 정해져 있습니다. 그 기간은 100일입니다. 수행에 들어가면 이전과는 전혀 다른 생활을 하게 되므로 처음에는 모든 일이 괴롭습니다. 아침에 일어나는 것도 괴롭고, 좌선할 때 다리도 아프고, 독경과 작무도 익숙하지 않아 몸이 버겁습니다.

하지만 우는 소리는 아무도 들어주지 않습니다. 좋든 싫든 해야만 합니다. 그래도 계속해서 수행 생활을 하다 보면, 어느새 괴로움이 점점 줄어듭니다. 100일이 지날 무렵에는 어떻게든 모든 것을 해낼 수 있게 되지요. 수행 생활이 몸에 붙는다고 할까요.

제중은 석가모니 시대부터 있었다고 하는데, 100일이라는 기간 설정은 너무나 절묘합니다. 100일 동안 꾸준히 계속하면 어떤 일도 몸에 붙어 마침내 습관이 됩니다. 물론 '100일이나 계속 하라고요?'라고 생각하면 시작도 하기 전에 질리거나 의기소침해질 수도 있습니다.

우선은 한 걸음을 내딛는 것이 중요합니다. 일주일 동안 이제까지 이야기한 세탁 방식을 실천해보세요. 일주일을 해내고 나면 '일주일만 더 힘내서 해볼까.'라고 스스로를 격려해주세요. 그리고 또 일주일 동안 계속하는 것입니다. '계속'이라는 것은 엄청난 힘입니다. 낙숫물이 바위를 뚫지요. 계속하는 동안에 어느새 100일이 지나고 그 방식이 완전히 몸에 붙어 생활 습관이 될 것입니다. 휴일 아침에 몸이 자연스럽게 움직여 세탁을 시작하게 됩니다. 우선 '한 걸음'을 내딛어보세요.

'휴일에 하고 싶은 일 리스트'를 월별로 계획한다

○
○
○
○
○

앞에서도 언급했습니다만 '일정'은 행동이 일어나도록 동기를 부여합니다. 휴일에도 일정을 미리 채워놓으면 무의미하게 어영부영 시간을 보내지 않습니다. 물론 일정을 너무 빡빡하게 집어넣으면 숨이 막히겠지요. 활력을 되찾아야 하는 휴일 본래의 목적에서도 벗어납니다.

휴일 일정을 정할 때 키워드는 '느긋하게'입니다. 여러분은 하루를 자유롭게 사용할 수 있다면 어떤 일을 하고 싶은가요? 생각나는 대로 전부 떠올려보세요. 아마도 다음과 같은 일이 떠오를 것입니다.

- 방 안의 가구 위치 바꾸기
- 영화, 연극 감상
- 자전거 타기, 수영
- 독서
- 쇼핑
- 친구와 식사

그 외에 여러 가지를 자유롭게 떠올려봤다면 각각에 우선순위를 붙입니다. 가장 중요한 일 옆에 1이라고 쓰고, 그다음 중요한 일은 2, 그다음은 3을 붙이는 식입니다. 우선순위를 정하게 되면 동기부여가 더욱 잘 됩니다.

"요즘 이 영화가 화제니까 빨리 보고 싶다. 회사 사람들이랑 대화거리도 될 것 같아.", "요즘 기분이 좀 우울한데, 방 안 가구 위치를 바꿔서 기분 전환을 해야지.", "친구한테 연락을 받았는데 너무 오랫동안 못 만났네. 다음 휴일에는 점심이라도 같이 먹어야겠다." 등등. 이렇게 그 일을 왜 하고 싶은지 이유를 생각해보면 우선순위가 쉽게 정해집니다. 그리고 그 내용을 달력이나 수첩에 적습니다. 스마트폰의 스케줄 앱에 입력해두는 것도 좋겠지요.

여기서 중요한 점이 하나 있습니다. 그 일정을 항상 눈에 보이는 곳에 붙여두는 것입니다. 눈에 보이는 곳에 붙여두면,

실행하고자 하는 의욕이 한층 더 높아집니다. 토요일과 일요일이 휴일이라면 한 달에 총 8일이 휴일입니다. 8번의 휴일에 우선순위가 높은 순서대로 하루에 한 가지씩 하고 싶은 일을 적어보세요. 어떤 휴일에는 독서나 음악 감상 한 가지만 하며 한가롭게 보낼 수도 있습니다.

그럴 때는 리스트를 작성할 때 단순히 '독서'라고 쓰지 말고 '○○을 읽는다.' '○○을 듣는다.'라고 책 제목이나 음악의 곡명 혹은 앨범명을 적어두면 좋습니다. 구체적으로 기록할수록 실행력은 더욱 높아지기 때문입니다.

'월요병'이라는 말도 있듯이 월요일 아침이 되면 어쩐지 우울해지고 컨디션이 나빠진다는 사람이 많습니다. 휴일에 늦잠을 자고, 하는 일 없이 시간을 보내버려서 그런 것은 아닌지 조심스럽게 생각해봅니다. 하고 싶은 일, 해야 할 일이 있다면 휴일이 더욱 즐거워집니다. 기대감에 기분이 들떠 일찍 일어나는 것은 물론이고 더욱 활기차게 아침을 시작할 수 있습니다. 지금 바로 휴일의 '시간표'를 만들어보세요.

5장

모든 일에 정성을 담아보는 습관을 가져보면 어떨까요? 정성을 담아 아침 식사를 준비하면 그 마음은 다른 일에도 이어집니다. 정성을 담아 식사를 하는 것은 물론이거니와 정성을 담아 인사를 하고, 정성을 담아 일을 하고, 정성을 담아 사람을 대하게 됩니다. 거기다 만족할 줄 아는 삶의 방식과 지나치게 많이 소유하지 않는 심플한 생활을 곁들여보세요. 자연에 가까워진 맑고 가벼운 삶에 한 걸음씩 가까워질 때마다 마음은 더욱 윤택해지고 풍요로워집니다.

나다운 나로 되돌아가야
인생이 충만해진다

시작할 때
좋은 인연은
끝까지 좋은
인연으로 남는다

○
○
○
○
○

'연기緣起'라는 말이 있습니다.
일본에서는 '연기'가 '운'과 같은 의미로 쓰입니다. 운이 좋다,
나쁘다를 표현할 때 연기가 좋다, 나쁘다라고 말하지요. 원래
불교에서 말하는 연기는 일의 원인, 일의 시작을 뜻합니다. 그
래서 '연기가 좋다.'는 말은 '시작할 때 좋은 연을 맺는다.'는 뜻
이지요.

하루를 기분 좋게 시작하고 아침 시간을 충실하게 보내는
것이 바로 연기가 좋은 것입니다. 좋은 기분으로 하루를 시작
하는 것이니까요. 좋은 연을 맺으면 좋은 연쇄반응이 일어납니

다. 아침을 기분 좋게 보내면 그날 하루 전체가 좋은 방향으로 흘러가지 않던가요? 업무를 할 때도 긍정적인 자세로 임하고, 인간관계도 원만해집니다. 하지만 한편으로 이렇게 생각하는 사람도 있을지 모릅니다.

"그래도 힘들거나 하기 싫은 업무를 맡을 때도 있고, 보고 싶지 않은 사람과 어쩔 수 없이 만나야 할 일도 있잖아요? 애써 좋은 기분으로 아침을 시작하더라도 그런 날은 어떤 방법을 써도 우울해지거나 부정적인 기분이 되지 않을까요?"

힘든 업무나 싫은 사람을 만나 우울해진 사람에게는 다음과 같은 일화를 들려드리고 싶습니다.

한 수행승이 행각(여기저기 돌아다니며 수행하는 일 – 옮긴이) 도중에 산속의 낡은 오두막집에서 하룻밤을 묵게 되었습니다. 그 오두막은 너무나 허름해서 천장에 구멍이 숭숭 뚫려 틈새로 바람이 들어왔습니다. 게다가 난로나 화로도 없어서 마루의 판자를 뜯어내어 불을 지펴 겨우 난방을 했습니다. 그런 상황이다 보니 수행승은 자신의 신세를 한탄했습니다.

"하필 이런 허름한 곳에서 하룻밤을 보내야 하다니!"

수행승은 잠이나 자야겠다며 자리에 벌렁 누웠습니다. 그 순간 그는 깜짝 놀랐습니다. 무너진 천장 사이로 아름다운 달빛이 한가득 쏟아져 들어와 자신을 비춰주고 있었기 때문입니다. 순식간에 수행승의 마음이 행복으로 바뀌었습니다.

"아, 달빛이 내 몸을 감싸주고 있네. 이렇게 감사한 일이 또 있을까. 이 집에 묵게 된 것은 정말 기쁘고 감사한 일이야."

다 쓰러져가는 낡은 오두막에서 하룻밤을 보내는 상황은 비참할 수도 있고 반대로 기쁘고 감사할 수도 있습니다. 그것을 정하는 것은 오직 '마음가짐'뿐입니다. 마음가짐에 따라 비참한 기분이 감사로 바뀝니다. 상황이나 조건은 아무것도 달라진 게 없지만 순식간에 마이너스가 플러스로 바뀌지요.

그렇다면 힘들고 어려운 일이나 싫어하는 사람을 대해야 하는 상황은 어떨까요. 힘들고 싫다고 생각하면 아무래도 마음이 부정적인 쪽으로 기웁니다. 하지만 업무든 인간관계든 모조리 무시해버리거나 거부할 수는 없잖아요? 해야 할 일에서 도망칠 수도 없습니다. 그렇다면 마음을 바꿔보면 어떨까요?

예를 들면 "이 일이 내게 주어진 것은, 나에게 해낼 수 있는 능력이 있다고 상사가 판단했기 때문이야. 아무튼 나름대로 최선을 다해보자." 혹은 "내가 저 사람을 싫어한들 달라지는 것은 아무것도 없어. 인간관계에서 중요한 것은 성의야. 나는 성의를 다하는 것만 생각하자." 하는 식으로 말입니다.

이렇게 생각하면 마음이 긍정적으로 변하지 않을까요? 움츠러든 의욕도 되살아날 것입니다. 마음이 부정적인 쪽으로 자꾸만 기울 때는 '시련을 만났다.'고 생각하세요.

이런 말이 있습니다.
"신은 당신이 견딜 수 없을 것 같은 시련을 주는 동시에 그 시련을 견딜 수 있도록 빠져나올 길도 준비해둔다."
여기서 말하는 '빠져나올 길'은 도망치는 길이 아니라 '극복해내는 길'입니다. 시련은 사람을 성장시켜주는 양식입니다. 시련을 극복하면 자신의 능력이 한 단계, 두 단계 뛰어오릅니다. 지금 내가 힘들다는 것은, 나에게 힘이 생기고 있다는 뜻입니다. 힘든 만큼, 딱 그만큼씩 나는 힘이 세집니다.
항상 그런 마음가짐으로 지내면 하루 종일 어떤 일이 일어나도 아침에 맺은 좋은 인연의 연쇄작용이 끊어지지 않습니다. 아무리 싫은 일이 닥쳐도 세상에 극복하지 못할 일은 존재하지 않는다는 사실을 깨닫게 될 것입니다. 낡은 오두막에 쏟아졌던 아름다운 달빛처럼, 매일 아침 밝고 환한 긍정의 기운이 여러분에게 한가득 쏟아져 들어올 것입니다.

다 쓰러져가는 낡은 오두막에서 하룻밤을 보내는 상황은
비참할 수도 있고 반대로 기쁘고 감사할 수도 있습니다.
그것을 정하는 것은 오직 '마음가짐'뿐입니다.
마음가짐에 따라 비참한 기분이 감사로 바뀝니다.
상황이나 조건은 아무것도 달라진 게 없지만
순식간에 마이너스가 플러스로 바뀌지요.

생각도,
물건도
너무 많아서 문제

○
○
○
○

여러분은 쓰레기를 어떻게 처리합니까? 요즘에는 어느 지역이나 종이, 플라스틱, 유리병 등의 분리수거가 의무화되어 있습니다.

그런데 어떤 사람들은 쓰레기란 쓰레기는 모두 쓰레기통에 아무렇게나 던져넣고, 쓰레기를 내놔야 하는 날에 몰아서 분리를 한다고 합니다. 제 생각에 그런 방식은 너무나도 비효율적일 뿐만 아니라 일상이 혼란스러워지고 정신이 사나워집니다.

저는 매일 아침 반드시 실내의 쓰레기통을 모두 수거해서

비웁니다. 절에는 건물 외부에 쓰레기를 따로 모아두는 장소가 있는데, 저는 매일 아침 종류별로 분리한 쓰레기통을 들고 거기에 가서 버립니다. 종이는 종이끼리, 플라스틱은 플라스틱끼리 각각의 봉투에 넣습니다. 매일 아침 그렇게 해두면 쓰레기를 배출하는 날에는 그냥 커다란 봉투를 들고 나와 지정된 장소에 내놓기만 하면 됩니다. 하나도 힘들지 않지요.

물론 일반 가정에는 외부에 쓰레기를 모아두는 별도의 장소가 없을 것입니다. 실내에라도 쓰레기통을 3~4개 준비하여 종류별로 나눠서 버리면 어떨까요. 종류별로 쓰레기통을 따로 쓰다 보면 흥미로운 사실을 알게 됩니다.

"어제 오늘 편의점 도시락을 먹었더니 쓰레기통에 플라스틱 용기가 많네. 그러고 보니 요즘 저녁을 계속 사다 먹었어. 내일은 한 끼라도 직접 만들어 먹자."

쓰레기에는 생활이 그대로 반영되므로 쓰레기를 확인하면 자신의 식생활이나 음주습관, 생활패턴에 대해 체크할 수 있습니다.

조금 다른 이야기입니다만. 현대인은 '물건'을 지나치게 많이 갖고 있습니다. 한 번 손에 넣은 물건은 아까워서 버리질 못하죠. 이것은 인간의 '천성'이자 '업보'입니다. 그러니 집 안에 물건이 계속해서 늘어나고 쌓입니다.

    물건이 가득 차고 넘쳐 공간은 물론이고 마음까지 답답해진 사람이 결코 적지 않습니다. 쓰레기와 마찬가지로 물건도 분리하고 정리할 필요가 필요합니다. 수년째 입지 않은 옷들, 전혀 사용하지 않는 물건들은 없어도 큰일 나지 않습니다. 계속 가지고 있다 해도 아마도 다시 입거나 사용할 일은 없을 것입니다. 그야말로 공간만 차지하는 '사장품死藏品'이죠. 이제 그런 물건들은 과감하게 떠나보내세요. 이런 선어가 있습니다.

방하착 放下著

    이 말은 버리고, 버리고, 완전히 버리라는 의미입니다. 물건이든 생각이든 버리고 비우고 손에서 놓을수록 마음은 풍요로워지고 상쾌해지고 아름다워집니다.
    왜 버리지 못합니까? 그 물건에 집착하기 때문입니다. 버리는 일은 집착에서 벗어나는 일입니다. 물론 버린다고 해서 무조건 쓰레기로 내보내라는 것은 아닙니다. 모든 물건에는 생명이 있습니다. 물건을 버릴 때 고려해야 할 포인트는, 물건의 생명을 최대한 살리는 것입니다.
    물건의 생명을 살리는 방법은 다양하겠지요. 가까운 친구나 이웃에게 필요한지 물어보고 선물해보세요. 그 물건은 새롭게 살아납니다. NGO 단체를 통해 물자가 부족한 나라에 기부하는 것도 좋은 방법입니다. 유행이 지났거나 좀 낡은 옷이라도 물자가 부족한 나라에서는 귀중한 자원이 됩니다. 누군가가 기뻐하며 소중하게 사용해주는 것만큼 훌륭한 활용 방법이 또 있을까요? 그 외에도 동네 벼룩시장에 내놓고 판매하는 방법도 있습니다.

요즘 '미니멀리스트'라는 말이 유행입니다. '소유하지 않는 생활'이 주목받고 있죠. 무소유는 선불교가 추구하는 생활방식입니다. 마음을 풍요롭고 상쾌하게, 그리고 아름답게 살아가는 방향으로 인생의 노를 저어보세요. 쓰레기든 물건이든, 철저하게 분리하여 불필요한 것은 과감하게 손에서 놓아보세요. 생활이 한결 밝고 가벼워집니다.

맨발에
슬리퍼를 신고
느릿느릿 산책을

우리 인간은 자연의 일부이므로, 자연의 리듬에 맞춰 사는 것은 당연히 몸과 마음에 좋은 영향을 줍니다. 하지만 도시에서 생활하는 현대인은 일단 아침에 사무실에 들어가면 퇴근할 때까지 빌딩숲 안에서 시간을 보내게 됩니다. 점심시간을 이용해 자연을 접하면서 몸과 마음을 재충전해보면 어떨까요? 가까운 공원에 가서 잠깐이라도 시간을 보내보세요. 요즘은 옥상 정원이나 실내 정원을 잘 꾸며놓은 건물도 많아서, 그런 곳에서도 자연을 느낄 수 있습니다.

한여름 땡볕 아래나 혹한의 계절에는 힘들겠지만 바깥 공기를 쐬며 땀을 흘리거나 쌀쌀한 바람에 닭살이 돋는 감각을 느끼는 것은 무척 중요합니다. 땀이 나거나 닭살이 돋는 것은 더위와 추위에 적응하려는 신체 반응입니다. 생명의 작용이라고 해도 되겠지요. 반대로 냉난방이 완비되어 있어 땀 흘릴 일도, 닭살 돋을 일도 없는 환경에 너무 오래 머물면, 그 생명의 작용이 쇠약해져 버리지는 않을까 하는 걱정이 듭니다. 10~20분만이라도 좋으니 밖으로 나가서 더위와 추위를 체감하면 생명 기능도 활발해지지 않을까요.

자연을 느낀다는 면에서 생각해보면 아침 시간에는 '맨발'로 지내는 것이 좋습니다. 저는 한겨울 이외에는 양말을 신지 않고 맨발로 생활합니다. 맨발로 있으면 '드디어 봄다운 날씨가 되었네.', '가을이 꽤 깊어졌어.' 같은 계절감을 느낄 수 있습니다. 계절의 변화를 직접 체감하는 것입니다.

맨발로 생활하면 건강에도 좋습니다. 일본의 스님들은 수행 기간 동안에는 1년 내내 맨발로 지내는데 그때 단련된 덕분인지 수행승들은 감기에 걸리지 않습니다. 반면 조금만 추워져도 바로 두꺼운 양말을 꺼내 신는 사람들이 의외로 감기에 쉽게 걸리는 것을 종종 봅니다.

가능하면 아침 산책을 할 때는 맨발에 엄지발가락과 검지발가락 사이를 벌려서 신는 플립플랍 샌들을 신어보면 어떨까요. 실제로 그런 신발을 신으면 건강에 도움을 줄 수도 있습니다. 엄지발가락과 검지발가락 사이에는 뇌와 내장에 관련된 경혈점이 많이 있다고 합니다. 플립플랍 샌들을 신으면 발가락 사이에 걸리는 끈이 경혈점을 자극하기 때문에 걸으면서 지압을 받는 효과가 있습니다.

요즘 여성들은 하이힐을 자주 신습니다. 굽이 가늘고 높은 하이힐을 오래 신으면 엄지발가락 옆이 튀어나오는 무지외반증이 생기기도 합니다. 무지외반증은 통증을 동반할 뿐만 아니라 자세가 나빠지고 걸음걸이가 이상해져 무릎까지 아파진다고 합니다. 또한 두통과 어깨 결림으로 이어진다는 의학적인 소견도 있지요.

업무 때문에 어쩔 수 없이 하이힐을 신어야만 하는 사람이라도 아침만큼은 맨발로 지내며 발을 해방시켜줍시다. 그리고 슬리퍼를 철썩철썩 하면서 느릿하게 산책을 합니다. 상쾌함이 몸과 마음에 흘러들어올 것입니다.

아침 시간에는 '맨발'로 지내는 것이 좋습니다.
저는 한겨울 이외에는 양말을 신지 않고 맨발로 생활합니다.
맨발로 있으면 '드디어 봄다운 날씨가 되었네.',
'가을이 꽤 깊어졌어.' 같은 계절감을 느낄 수 있습니다.

하루 종일
생기 있고
또렷하게 보내려면

○
○
○
○

　　　　　　　　직장인에게 오후는 '위험한' 시
간입니다. 졸음이 몰려와 자신도 모르게 꾸벅꾸벅 졸기 쉽습니
다. 잠이 오기 시작하면 생리적인 욕구를 억지로 거스르려 하
지 말고 5~10분 정도 잠을 자는 것이 좋습니다. 잠깐의 낮잠이
졸음을 떨쳐내는 데 가장 효과적이고 확실한 방법입니다.

　　필사적으로 졸음을 억누르고 일을 계속한다고 해서 일이
순조롭게 진행될까요? 인간의 신체는 신기하게도 아주 짧은 시
간이라도 자고 일어나면 개운해집니다. 졸음을 떨쳐내고 나면
맑은 정신으로 일에 집중할 수 있으므로 5~10분의 업무 공백

은 쉽게 채울 수 있습니다.

영업직처럼 외근이 많은 사람은 카페나 전철 안에서 잠시 눈을 붙이면 됩니다. 그런데 문제는 사무실에서 일하는 사람입니다. 하지만 이 경우에도 "10분만 자겠습니다."라고 선언하고 눈을 붙여보면 어떨까요? 일하는 척하면서 꾸벅꾸벅 조는 사람보다 오히려 상당히 진취적인 스타일로 보일 수 있습니다. 엉뚱한 제안처럼 보일지도 모릅니다만, 상사나 주위 동료들에게 동의를 얻으면 실현 불가능한 일도 아닙니다.

'우리 팀은 오후에 10분 동안 낮잠을 잔다.'

팀장이 팀원들에게 이런 규칙을 먼저 제안하면 어떨까요? 아무래도 낮잠 선언이 좀 비현실적이라면, 다른 대책도 있습니다. 오후에 주체할 수 없이 졸린 이유는, 점심으로 먹은 음식을 소화시키기 위해 많은 양의 혈액이 소화기관으로 몰리기 때문이라고 합니다. 그만큼 뇌로 가는 혈액양이 줄어서 졸음이 쏟아지는 것입니다. 이것이 오후에 꾸벅꾸벅 졸게 되는 메커니즘입니다. 당연히 밥을 많이 먹으면 소화기관에 필요한 혈액의 양도 늘어나 반대로 뇌로 가는 혈액이 부족해지겠지요.

"아, 배고파. 쓰러질 것 같아. 지난번 그 가게 햄버거 스테이크 점심 메뉴가 양도 많았지. 오늘 점심은 거기서 먹어야지."

만약 이런 생각으로 점심 메뉴를 골랐다면 빈속에 과식까지 했으니 점심식사 후 소화기관이 풀가동해야만 합니다. 오래

전부터 전해 내려온 격언을 떠올려보세요.

복팔분 腹八分

식사할 때는 배를 80퍼센트 정도만 채우라는 뜻입니다. 그러면 소화기관의 부담도 줄어들고 뇌에도 충분한 혈액이 공급되어 졸음이 쏟아지지 않습니다. 그런데 다른 한편에는 이런 격언도 있습니다.

'배가 고프면 싸울 수 없다.'

이 격언은 반대로 공복감을 안고는 제대로 일할 수 없다는 뜻입니다. 두 영웅은 같은 하늘 아래 있을 수 없으니 대립하는 두 주장은 병립할 수 없지만 해결책은 있습니다. 점심 식사를 복팔분 정도로 자제하면서 공복감에 시달리지 않는 묘안은 무엇일까요?

이미 눈치 챘을지도 모르지만 아침을 잘 챙겨먹는 것입니다. 아침 식사를 제대로 하면 점심시간에 '아, 배고파. 쓰러질 것 같아!' 정도는 되지 않습니다. 그러면 점심을 복팔분 혹은 복칠분腹七分만 먹어도 만족할 수 있습니다. 그 결과 뇌로 가는 혈액양도 유지되어서 졸리지 않은 상태로, 또렷한 정신으로 오후 업무에 임할 수 있습니다. 하루 종일 생기 있게, 또렷하게 보내는 열쇠 역시 '아침'에 있습니다.

소중한 마음은
직접 만나서
얼굴을 보고

○
○
○
○

　　　　　　　　　　업무는 물론이고 개인적인 인
간관계에서도 한 시기를 경계로 커뮤니케이션의 방법이 크게
변화했습니다. 그것은 바로 이메일과 메신저 사용의 확산입니
다. 이메일을 사용하면 받는 사람이 지금 어떤 상황인지 배려
하지 않아도 됩니다. 전화를 걸 때와 달리, 이메일은 받는 사
람이 편한 시간에 확인하면 되니까요. 그 외에도 여러 가지 면
에서 무척 편리하지만, 이메일을 쓸 때는 더 유의해야 할 부분
이 있습니다.

　　이메일은 어디까지나 공식적인 연락에 한정한다는 것입니

다. 업무와 관련된 연락이나 개인적인 모임에 대해 알리는 내용이라면 이메일만큼 편리한 수단은 없을지도 모릅니다. 하지만 메일을 사용하여 사과하거나 부탁하는 것은 다시 생각해봐야 합니다. 남에게 상처를 주는 말을 했거나 무례한 일을 저질렀을 때 상대에게 이메일로만 사과한다면 상대는 어떤 기분이 들까요?

"그런 일을 저질러놓고 겨우 이메일 한 통으로 끝내겠다는 거야? 성의도 없이!" 이런 생각이 들 것이 분명합니다. 선어에 이런 말이 있습니다.

면수 面授

이 말은 원래 스승과 제자가 직접 얼굴을 마주하고 선의 가르침을 받는 것을 뜻합니다. 하지만 의미가 확장되면서 소중한 마음은 확실히 얼굴을 마주하고 전해야 한다는 말이 되었습니다.

사과나 부탁은 먼저 마음을 확실하고 바르게 전달해야 하는 중요한 일입니다. 상대를 직접 마주하고 "죄송합니다."라며 머리를 깊이 숙일 때, 또 "잘 부탁드립니다."라고 정중히 청할 때 비로소 마음이 전해집니다. 상대의 마음을 움직이는 것은 바로 이런 성의입니다. 소중한 마음을 전해

야 하는 상황에서 이메일이나 모바일 메시지는 적절한 수
단이 아닙니다. 좀 강하게 표현하자면 완전히 '쓸데없는 일'
일 뿐입니다.

그렇다면 여러분이 화가 났을 때를 생각해봅시다. 특히 밤
에 화난 감정을 이메일에 담아 보내는 것은 절대로 해서는 안
되는 잘못된 행동입니다. 밤의 어둠은 불안을 불러오기 때문에
부정적인 감정이 더 강해지기 쉽습니다.

여러분도 마음에 거슬렸던 사람의 말을 밤에 떠올려보고
화가 점점 커졌던 경험이 있지 않은가요. 하지만 아침에 다시
떠올려보면 '뭐야, 그렇게 대단한 일도 아니었잖아.'라는 생각
이 들기도 합니다.

똑같이 끓어오른 화를 말로 늘어놓는다고 해도 종이에 쓴
편지라면 다음 날 아침에 다시 읽어보고 '이 정도까지 말할 필
요는 없겠지? 어쩌다 이렇게까지 화가 났었지?'라고 생각합니
다. 상대에게 전달하기 전에 다시 한 번 확인하고 돌아볼 수 있
습니다.

하지만 이메일은 '보내기' 버튼을 누르기만 하면 되돌릴 수
없습니다. 다시 생각할 기회조차 없습니다. 밤이라는 '요물'이
부추긴 화를 그 자리에서, 그것도 있는 그대로 상대에게 보내
버리는 것입니다. 그렇게 보낸 이메일은 다음 날 아침 더 큰 고

민이 되어 다가옵니다.

'그런 메일을 보내버리다니…. 어쩌지? 그렇게까지 화낼 일이 아니었는데. 그 글이 진심이었다고 생각하면 곤란한데….'

이렇게 생긴 고민은 소중한 아침 시간을 망칩니다. 이메일을 어떤 상황에서 사용해야 할지 '올바른 사용방법'에 대해 다시 한 번 생각해보기 바랍니다. 소중한 마음을 전할 때는 이메일이나 메신저, 문자 메시지 말고 만나서 이야기하세요.

나 자신을
정성껏 바라보기에
가장 좋은 시간

○
○
○
○

저는 거의 대부분 직접 차를 운전하여 이동하지만 가끔은 대중교통을 이용합니다. 그때마다 차 안의 풍경을 보면 어안이 벙벙해집니다. 10명 중 9명이 스마트폰 화면에 얼굴을 푹 담그고 있습니다. 이것이 현대인, 특히 젊은 세대와 스마트폰의 관계를 단적으로 보여주는 한 장면이라고 할 수 있겠지요. 아마도 그들은 하루 종일 스마트폰을 손에서 내려놓지 않을지도 모릅니다.

요즘 사람들은 거의 대부분 잠잘 때 스마트폰을 머리맡에 둡니다. 심지어 어떤 사람은 손에 쥐고 잔다고 합니다. SNS, 게

임, 인터넷 서핑 등 스마트폰으로 하는 일은 각자 다르겠지만, 어찌되었든 '스마트폰 증후군'이라고 불리는 일종의 중독증상이 만연해 있다는 생각이 듭니다. 생활이 스마트폰에 지배당한 듯합니다.

　유럽이나 미국의 유명인들은 스마트폰의 부작용에 대해 누구보다 먼저 깨닫고 고민한 듯합니다. 유명인이 개최하는 파티에 가보면 참가자 전원이 파티장 입구에 스마트폰을 맡겨둡니다. 그것이 이미 규칙으로 자리 잡았습니다. 파티의 목적은, 말할 것도 없이 참가자들이 서로 이야기를 나누고 교류를 도모하는 것입니다. 그런데 시도 때도 없이 스마트폰이 울린다면 당연히 지금 함께 있는 사람들과 교류하는 데 문제가 생기겠지요. 파티장에서 스마트폰을 잠시 맡겨두는 규칙을 여러분의 일상생활에 도입해보면 어떨까요. 밤 10시가 되면 스마트폰을 멀리 치워두는 것입니다. 이런저런 알림이 울려도 절대 열어보지 않습니다.

　"하지만 긴급한 연락이 올지도 모르잖아요?"

　분명 그럴 가능성도 있겠지요. 업무와 관련해 긴급한 사태가 벌어졌다거나, 집안에 큰 일이 생겼을 때는 연락을 받지 않으면 곤란합니다. 하지만 그런 일은 그렇게 자주 일어나지 않고, 만약 일어났다고 하면 전화가 몇 번이고 걸려올 것입니다.

예를 들어 5분 간격으로 2번 이상 전화가 걸려오는 경우에는 예외로 하고 전화를 받으면 됩니다. 그러면 "이렇게 중요할 때 연락이 안 되면 어떡해?" 하고 원망 듣는 상황은 생기지 않을 것입니다.

생각해보세요. 보통 밤 10시 이후에 여러분은 스마트폰으로 무엇을 합니까? SNS를 열어보는 경우가 압도적으로 많지 않은가요? 메신저를 열어보아도 '지금 뭐해?', '이번 모임에 올 수 있어?', '지난번에 같이 본 가방 샀어!' 같은 긴급하지 않은 용건이 대부분이지 않은가요? 모두 당장 대응하지 않아도 상관없는 연락입니다. 다음 날 답장해도 아무 문제가 없습니다.

"하지만 메시지에 바로 답장을 안 보내면 친구들 사이에 끼지 못할 것 같아서…."

이렇게 끊임없이 메신저로 누군가와 연결되어 있지 않으면 불안해지는 사람도 있다고 합니다. 그런 생각을 할 수도 있겠지요. 24시간 누군가와 이어져 있고 싶은 것이 요즘 젊은 세대들의 특징일지도 모릅니다. 하지만 SNS를 통해 누군가와 연결되어 있을 때 느끼는 '안심'은 진정한 안심이 아닙니다.

진정한 안심은 자신과 마주할 때만 생깁니다. 자신을 온전히 바라보며 진지하게 열심히 살아갈 때 '안심할 수 있는 삶의 방식'을 선택할 수 있습니다. 스마트폰을 치워둔 밤 10시 이후의 시간은 조용히 자신과 마주하고 자신을 정성껏 바라보기에 가장 좋은 시간입니다.

밤늦게까지 스마트폰에 신경 쓰느라 느긋하게 쉴 수 없다면 상쾌한 아침을 맞이할 수 없습니다. '10시 이후 스마트폰을 잠시 치워둔다.'를 꼭 실천해보세요. 스마트폰 대신 자기 자신과 마주하는 시간을 보내십시오.

진정한 안심은 자신과 마주할 때만 생깁니다.
자신을 온전히 바라보며 진지하게 열심히 살아갈 때
'안심할 수 있는 삶의 방식'을 선택할 수 있습니다.
스마트폰을 치워둔 밤 10시 이후의 시간은
자신을 정성껏 바라보기에 가장 좋은 시간입니다.

일거리, 일생각을
집까지
끌고 오지 않는 법

○
○ ○
○ ○
○

　　　　　　　　　'근면'은 전통적으로 많은 사랑
을 받아온 미덕입니다. 시대가 크게 변화했다고는 하지만 그
전통적인 사고방식은 지금도 이어지고 있습니다. 그래서 매일
매일 야근을 하고, 퇴근할 때 일을 가지고 가는 직장인도 적지
않습니다. 일을 열심히 하는 자세를 부정할 생각은 조금도 없
습니다만, 일할 때는 '전환'이 중요합니다.

　　사람의 집중력에는 한계가 있으므로 사무실에서 집중해
서 일을 한 후에 집에 가서까지 계속해서 일에 집중한다는 것
은 사실상 매우 어렵습니다. 번뜩이는 아이디어나 참신한 발상

도 많은 경우 업무에서 떨어져 있을 때 떠오릅니다. 이런 점들을 살펴볼 때 원칙적으로 일거리를 집에 가지고 가지 않는 편이 좋습니다. 사무실은 일하는 곳, 집은 편히 쉬고 안정을 취하는 곳 혹은 가족과 시간을 보내거나 자신이 좋아하는 일을 하는 곳으로 분리하여 마음가짐을 전환해보세요.

절 입구에는 산문山門이, 신사神社 입구에는 붉은 도리이鳥居가 있습니다. 산문과 도리이는 '결계'를 의미합니다. '세속적인 공간'과 '성스러운 공간'을 나누지요. 물론 절과 신사의 바깥쪽이 세속, 안쪽이 성스러운 공간입니다.

참배하러 온 사람은 산문이나 도리이를 통과해 들어가면서 세속적인 마음, 즉 번뇌와 망상을 떨쳐버립니다. 이는 깨끗이 씻어내어 맑은 기분으로 성스러운 공간에 들어와 기도를 한다는 의미가 있습니다. 속세의 마음을 성스러운 마음으로 전환하기 위해 결계가 있는 것이지요.

업무 모드에서 사생활 모드로 마음가짐을 전환할 때도 이 '결계'가 도움이 됩니다. 집으로 돌아오는 길 전철역의 개찰구를 결계로 정해보세요. 아침에 집을 나와 개찰구를 들어가면 업무에 대해 생각을 시작하고 사무실에 가는 동안 서서히 업무 모드로 전환할 준비를 합니다. 반대로 퇴근길에 개찰구를 통과하면 이번에는 업무는 완전히 잊어버리고 사생활 모드로 전환

합니다. 전철역 개찰구가 아니라 여러분 집의 현관문이나 사무실 문도 좋습니다. 마음만으로는 쉽게 전환되지 않는 사람이라 하더라도 자신만의 결계를 설정해두면 마음가짐을 전환하는 일이 꽤 쉬워집니다.

요즘에는 일주일에 한 번만 사무실에 나오고, 나머지는 재택근무를 허용하는 기업도 있습니다. 그런 경우에는 일하는 방의 문을 결계로 정해 그 문을 들어가면 업무 모드, 방에서 나오면 사생활 모드로 마음가짐을 전환해보면 어떨까요.

때로는 어쩔 수 없이 일거리를 집에 들고 와야 하는 상황이 있을지도 모릅니다. 그때는 '시간'을 전환의 계기로 정해보세요. '퇴근 후 집에서 일할 때는 딱 1시간만, 그 이상은 절대로 하지 않는다.'고 정하는 것입니다. 잠자기 전까지 일을 계속하다가는 업무 생각으로 머릿속이 복잡해져서 잠을 푹 잘 수 없고, 숙면하지 못하면 다음 날 아침에 일어나기도 힘들어집니다. 자신만의 '결계'를 만들어 업무와 사생활을 분리하고, 마음가짐을 전환해보세요.

아침을
여유롭게 보내려면
초등학생을
흉내 내자

○
○ ○
○
○

        제가 어렸을 때는 잠들기 전에 반드시 하는 '의식'이 있었습니다. 그 의식이란 다음 날 학교에 입고 갈 옷, 수업에 사용할 교과서와 노트, 숙제 등을 완벽히 준비해놓는 일입니다. 그때만 해도 옷을 머리맡에 두고 자는 아이들이 적지 않았습니다.

    처음에는 어머니가 "내일 학교 갈 준비를 해둬야지." 하고 잔소리를 해야 했던 일이 언제부터인가 습관이 되었습니다. 어머니가 말하지 않아도 준비를 하게 된 것이지요. 다음 날 아침 등교 준비는 가정교육의 하나였습니다. 준비를 잘 해두면 다음 날 아침에 일어나서 곧바로 옷을 갈아입을 수 있고, 준비물을 빠트리는 일도 없습니다. 그야말로 '유비무환'입니다.

그런데 성인이 된 후에는 밤에 다음 날 아침 준비를 잘 안 합니다. 대부분 아침에 되어서야 입고 갈 옷을 고르고, 업무에 필요한 물건, 지갑, 교통카드, 휴대전화 등을 체크하지요. 그래서 곤란한 일이 벌어진 날은 없었는지 떠올려보세요. "입고 가려던 옷에 단추가 떨어진 걸 뒤늦게 발견하고 다시 옷을 고르느라 애먹었던 일이 있었지.", "스마트폰을 집에 두고 나와서 되돌아갔었어. 하마터면 지각할 뻔했지." 등등 이런 괴로운 기억은 누구에게나 있을 것입니다.

저녁에 데이트 약속이 있는데 고민해서 골라놓았던 옷에 문제가 생기면, 함께 맞춰놓은 구두, 가방, 스카프, 액세서리 등 전체 의상 컨셉을 새로 생각해야 합니다. 굉장히 당황스럽고 상당한 시간을 빼앗기게 되지요. 전날 미리 준비를 잘 해두었다면 낭비하지 않아도 되었을 시간입니다.

지각하지 않을까 조마조마한 마음으로 동동거리며 회사에 뛰어 들어간 날에는, 업무도 여유로운 마음으로 진행할 수 없습니다. 초조한 마음이 계속되면 실수를 하거나 해야 할 일을 할 수 없는 결과도 생깁니다. 하루의 출발점인 아침에 생긴 초조함은 온종일 영향을 미칩니다.

"초등학생도 아니고 이 나이에 전날 밤에 미리 다음 날 아침 준비물을 챙긴다니…."

이렇게 생각하는 사람도 있겠지요.

하지만 '좋은 습관'은 내용에 상관없이, 나이에 상관없이 받아들이는 것이 좋지 않을까요? 처음에는 귀찮을지도 모릅니다. 그래도 일단 해봅니다. 그것이 좋은 습관을 들이는 유일한 길입니다. 앞에서도 이야기했던 미야자키 에키호 선승은 이런 말씀을 하셨습니다.

"인간은 흉내를 내야 한다. 배움은 흉내 내는 것에서부터 시작된다. 하루를 흉내 내면 하루의 흉내로 끝난다. 이틀을 흉내 내고 더 이상 흉내 내지 않으면 이틀의 흉내로 그친다. 그러나 평생을 흉내 내면 흉내가 진짜가 된다."

부디 열심히 초등학생 '흉내'를 내보세요. 여유로운 아침이 시작됩니다.

작은 일에 정성을
기울이는 사람은
큰일도 정성껏 한다

○
○
○
○
○

앞에서 전날 밤에 다음 날 아침 식사로 죽을 끓일 준비를 해두면 좋다는 이야기를 했습니다. 거기에서 한 걸음 더 나아가 아침 식사용 메뉴 준비에 도전해보면 어떨까요? 빵을 좋아한다면 빵과 함께 곁들일 샐러드를 만들어둔다거나 달걀을 삶아둡니다. 밥을 좋아한다면 손이 많이 가지 않는 나물이나 겉절이, 된장국에 넣을 재료를 준비해두면 어떨까요?

시간이 부족하다는 이유로 아침을 먹지 않는 사람들이 많은데, 그런 분들에게 추천하는 방법이 있습니다. 아침에 곧바로 먹을 수 있는 음식이 있다면, 게다가 전날 밤에 직접 만들어 놓은 메뉴라면 남김없이 먹어야겠다는 마음이 들지 않을 리가 없습니다. 전날 밤 아침 식사 재료를 준비해두는 습관은 아침 식사를 거르는 나쁜 습관을 끊어내는 데 가장 효과적인 방법입니다.

애써 식사 준비를 미리 해두기로 했다면 조리할 때의 올바른 마음가짐도 익혀보세요. 불교에서는 식사를 무척 중요하게 생각합니다. 도겐 선승은 《전좌교훈》이라는 저서에서 다양한 마음가짐에 대해 이야기했습니다.

"쌀을 씻거나 반찬을 준비하는 일은 전좌가 자신의 손으로 세심한 주의를 기울여 세세한 부분까지 신경 쓰며 마음을 담아서 해야 하는 일이다. 한 순간도 소홀하거나 무성의해서는 안 된다. 하나에는 주의를 기울이고 다른 하나에는 주의를 게을리 해서는 안 된다."

앞에서도 말했듯이 전좌는 식사 준비를 담당하는 선승입니다. 식사를 준비를 하는 일도 수행입니다. 도겐 선승은 식사 준비에 대해서도 세세하게 해야 할 일을 거론하고 있습니다. 이처럼 모든 일에 정성을 담아보는 습관을 가져보면 어떨까요?

샐러드를 만들 때도, 나물을 무칠 때도, 정성스럽게 마음을 담아 만듭니다. 적당히 빨리빨리 만들지 않습니다. 정성을 담아 아침 식사를 준비하면 그 마음은 다양한 다른 일에도 이어지기 때문입니다. 정성을 담아 식사를 하는 것은 물론이거니와 정성을 담아 인사를 하고, 정성을 담아 일을 하고, 정성을 담아 사람을 대하게 됩니다.

사람의 행동에는 좋든 나쁘든 '일관성'이 있습니다. 아침 식사 준비를 적당히 하는 사람이 정반대로 업무는 정성을 담아 최선을 다할까요? 작고 사소한 일에 정성을 담아내는 사람은 어떤 일에도 정성을 담을 수 있습니다. 반대로 말하면 작은 일을 대충하는 사람은 모든 일을 대충합니다. 이것은 무척 중요한 문제입니다.

미리 준비한 샐러드나 나물은 뚜껑이 있는 그릇에 담아둡니다. 일회용 랩은 쓰레기를 만드니 그릇이 좋겠지요. 이렇게 작은 부분까지 신경을 쓰고 정성을 다해 준비해보세요.

아침 식사 준비와는 별개로 휴일에는 손이 많이 가는 메뉴를 준비해보면 어떨까요. 겨울철이라면 오래 끓여야 맛이 우러나는 국 종류를 많이 끓여둡니다. 국은 휴일 저녁에 바로 먹을 수도 있고, 끓일수록 맛있어지기 때문에 아침 식탁에 올리기도 안성맞춤이지요.

그 외에 오래 두고 먹을 수 있는 채소 피클을 담거나 조림 요리를 만들어두는 것도 좋습니다. 이런 요리들은 반찬이 없을 때 근사하게 활용할 수 있습니다. 연인을 집으로 초대해서 식사를 대접할 때 직접 만든 피클이나 조림을 내보면 어떨까요. "우와, 이런 것도 직접 만들어? 맛있다!"라는 감탄사와 함께 좋은 인상을 남길 것이 틀림없습니다.

잠들기 30분 전,
정말로 '기분 좋다'고
느끼는 일

○
○ ○
○ ○
○

　　　　　　　　　　잠을 푹 자고 일어나면 아침에
몸도 가볍고 기분도 좋습니다. '쾌적한 수면'이야말로 좋은 아
침을 맞이하기 위한 필수조건이지요. 그렇다면 어떻게 해야 쾌
적하게 숙면할 수 있을까요? '숙면'은 안정된 마음, 온화한 마
음으로 이불 속에 들어가는 데서 시작됩니다. 잠자리에 들기
전 30분 동안 마음을 안정시키는 시간을 가져보면 어떨까요?
'좌선'으로 안정된 마음, 온화한 마음을 얻을 수 있습니다.

　　스님들은 수행 기간 동안 잠들기 전에 '야좌夜坐'라고 부르
는 좌선을 합니다. '야좌'는 소등 후에 수행승이 각자의 자리에

서 좌선을 하는 것인데, 그때 얻는 마음의 평화는 그 무엇과도 바꿀 수 없습니다. 하얀 모래가 부드러운 달빛을 반사시키며 자아내는 그윽한 아름다움을 바라보며 그 앞에 조용히 앉아 있으면, 자연에 녹아드는 기분이 들고 마음이 한없이 온화해집니다. 이렇게 온화해진 마음으로 잠자리에 듭니다.

매일 잠들기 전에 정해진 일을 꾸준히 하는 것이 중요합니다. 이른바 '루틴'을 정해두는 것입니다. 이것이 바로 수행입니다. 루틴한 일을 정해놓고 규칙적으로 실행하면 항상 마음이 안정되고 온화해집니다.

미국 메이저리그에서 활약하고 있는 일본인 야구선수 스즈키 이치로는 타석에 들어설 때의 움직임이 항상 똑같습니다. '루틴'이 정해져 있습니다. 이치로 선수는 매년 안타수 기록을 갈아치우며 통산 4,257안타를 기록했습니다. 일본과 미국 메이저리그의 합계 기록이기는 하지만 세계 최고인 피트 로즈Pete Rose 선수의 기록을 넘어선 것이지요. 이치로 선수가 이런 성과를 거둘 수 있었던 비결이 바로 '루틴' 덕분이라고 저는 생각합니다.

타자에게 가장 중요한 것은 컨디션이 좋을 때나 나쁠 때나 변함없는 평상심으로 타석에 서는 것입니다. 모든 일이 그렇겠지만 이치로 선수는 정해진 루틴대로 행동하여 언제나 평상심을 유지할 수 있었을 것입니다.

여러분도 잠들기 전 30분 동안 할 행동을 루틴으로 정해두고 빼먹지 않고 실행해보세요. 앞에서 의자 좌선 방법을 설명했는데, 자기 전에 똑같이 실행해도 좋습니다. 다른 명상법을 알고 있다면 망설이지 말고 시작해보세요. 명상이나 좌선이 어렵다면 다른 무엇이라도 상관없습니다. 다만 딱 한 가지 조건이 있습니다. 자신이 정말로 '기분 좋다'고 느끼는 일을 하는 것입니다. 몇 가지 예를 들어봅시다.

- 좋아하는 화가의 작품집을 본다.
- 편안하게 앉아 밤하늘을 바라본다.
- 간단히 스트레칭을 한다.
- 좋아하는 향초를 켜고 그 향기를 맡으며 조용한 시간을 보낸다.
- 약간의 술을 즐긴다.

이 외에도 다양한 방법이 있습니다. 매일 잠들기 전 30분 동안 내가 좋아하는 일을 '루틴'으로 정해두고 해보는 것입니다. 그리고 루틴의 마무리로 '합장'을 합니다. 불단이 있다면 그 앞에서, 없으면 마음의 버팀목으로 삼고 있는 어떤 물건 앞에서 손을 모으고 그날 하루를 보고합니다.

"덕분에 오늘 하루도 무사히 보낼 수 있었습니다. 이번에 맡은 일이 잘 정리되어 성취감을 맛볼 수 있었습니다. 감사합니다. 내일 하루도 열심히 살겠습니다. 부디 지켜봐주세요."

이렇게 루틴을 마무리하고 잠자리에 듭니다. 분명 편안하게 잠들고 상쾌하게 아침을 맞이할 것입니다.

고민이
꼬리에 꼬리를
물고 이어질 때

○
○
○
○

한 가지 질문을 해보겠습니다.

"마음이 가장 불안해지는 시간은 언제인가요?"

상당히 많은 사람들이 밤 혹은 혼자 있을 때라고 대답합니다. 낮에는 업무도 바쁘고, 이런저런 일이 많아 불안이 마음을 파고들 틈이 없습니다. 그런데 바쁜 일에서 해방되는 순간에, 주로 밤시간이 되면 마음속에서 불안이 고개를 듭니다. 앞에서도 이야기했던 어둠이라는 '요물'의 영향도 크다고 생각합니다. 업무, 인간관계, 돈, 연애… 등 마음이 불안해지는 고민거리는 끝이 없습니다. 게다가 일단 불안감이 고개를 들기 시작하면 눈덩이처럼 커집니다.

"겨우 프로젝트 멤버로 발탁되었는데 어쩌다 그런 실수를 했을까. 이제 프로젝트에서 아웃될지도 몰라. 아니, 분명 거기서 끝나지 않을 거야. 능력 없는 놈으로 찍혀서 두 번 다시 중요한 일을 맡지 못할지도 몰라. 혹시 해고되면 어쩌지?"

현실은 그저 조그만 '실수'를 했을 뿐인데도, 불안이 불안을 불러 '해고' 걱정까지 하게 됩니다. 이런저런 생각이 꼬리에 꼬리를 물고 점점 더 괴로워집니다. 그렇게 되면 결국 잠들지 못하는 밤으로 돌입하게 되지요. 하지만 불안은 결국 무엇인가요? 그 답을 가르쳐주는 일화를 소개합니다.

달마안심 達磨安心

선종을 창시한 달마대사達磨大師와 제2대조 혜가대사慧可大師 사이의 문답에서 유래한 말인데 그 내용은 다음과 같습니다.

수행을 하던 혜가는 마음에서 불안이 사라지지 않았습니다. 언제까지 수행을 하면 불안에서 벗어날 수 있을까 고민하던 혜가는 스승인 달마대사에게 자신의 고민을 털어놓습니다.

"불안해서 어찌해야 할지 모르겠습니다. 이 불안을 없앨 수는 없을까요?"

달마대사가 대답합니다.

"그렇구나. 그러면 일단 네 불안을 여기에 가지고 오거라. 그러면 내가 바로 불안을 없애고 안심시켜주겠다."

혜가는 스승의 말을 따라 필사적으로 불안을 찾았지만, 아무리 찾아봐도 찾을 수 없었습니다. 혜가는 솔직히 그 사실을 말씀드렸습니다. 그것을 듣고 달마대사는 이렇게 말합니다.

"보라, 네 불안은 사라졌다. 이제 안심하겠구나."

불안을 찾을 수 없는 이유는 불안에 실체가 없기 때문입니다. 불안은 마음이 마음대로 만들어낸 것일 뿐이죠. 그러니 애초에 불안으로 괴로워할 필요가 없습니다.

앞에서 든 예를 보면 실제로 일어난 일, 즉 실체가 있는 것은 '실수를 했다.'는 사실뿐입니다. 그 이외의 불안은 '이렇게 될지도 몰라.', '저렇게 되면 어떡하지.' 하고 자신이 마음대로 만들어낸 생각에 지나지 않습니다. 근거는 어디에도 없습니다. 게다가 프로젝트에서 제외되고, 중요한 업무를 맡지 못하고, 해고된다는 것 중 어떤 것도 아직 일어나지 않은 미래의 일입니다. 미래가 어떻게 될지는 아무도 모르고, 내가 어떻게 할 수 있는 일도 아닙니다. 어떻게 할 수 없는 일이라면 그냥 내버려두는 것이 좋지 않을까요?

만약 밤에 불안이 마음에 퍼질 것 같으면 '내버려두면 괜찮아져. 생각하지 말자.' 하고 한쪽으로 생각을 밀어놓읍시다. 밤은 무언가를 생각하기에는 전혀 적합하지 않은 시간입니다. 좋은 아침을 맞이하기 위해서 생각을 버리고 밤 시간을 기분 좋게 보내세요.

후회는
딱 5분만,
감동은 자주자주

○
○
○
○

인간은 매일 새로운 경험을 쌓으며 살아갑니다. 경험 중에서 무언가 '마음에 남는 일'이나 '감사해야 할 일'이 있다면, 방금 전에 이야기한 내용과는 모순되지만, 그 일을 자주자주 떠올려보세요. 때로는 감사할 일을 떠올리며 밤을 보내는 것도 좋습니다.

"회사를 방문한 거래처 직원이 '예전부터 느꼈던 건데 이곳 안내데스크 직원은 늘 기분 좋게 응대해주셔서 방문할 때마다 즐겁습니다.'라고 말해줬어. 기억해주는 사람이 있다니 행복했어."

평소에 자신이 진지한 태도로 신경 써서 하던 일을 누군가에게 인정받고 행복을 느꼈다면 그 일을 다시 떠올려봅니다. 그러면 일에 대한 의욕이 더욱 커지고, 자신에게 주어진 일을 더 잘해야겠다는 생각이 듭니다. 다시 말해 마음에 남는 좋은 일을 다시 떠올려보는 시간은, 마음을 더 강하게 만들어주고 스스로를 성장시켜주는 자양분이 됩니다.

"늘 무뚝뚝하던 사람인데 오늘은 속에 담긴 상냥함이 엿보였어. 조금 감동적이었어."

이렇게 동료나 연인, 배우자에게 느낀 감동을 다시 떠올려보면, 앞으로 그 사람과의 관계가 한층 좋아질 것입니다. 또 그 사람과 함께 있는 시간이 이전보다 더 가슴 뛰게 될지도 모릅니다. 행복했던 기억이나 감동한 기억을 다시 한 번 더 떠올려보세요. 여러분의 마음결이 한결 더 부드럽고 따뜻해집니다.

하지만 마음에 남는 일이 좋은 것만 있지는 않습니다. 후회되는 일이나 반성할 일도 있지요. "그녀가 뭔가 할 말이 있는 것처럼 보였는데 바빠서 들어주지 못했어. 무슨 고민이라도 있었던 걸까. 무시하려던 건 아닌데 내가 잘못했어.", "친구랑 통화하다가 말실수를 해버렸네. 상처를 주려는 마음은 전혀 없었는데, 내가 생각이 짧았지. 앞으로는 말투에 좀 더 주의를 기울여야겠어." 등등. 이런 일들도 다시 떠올려보면 좋습니다. 앞에서 '밤에는 생각하지 않는다.'가 원칙이라고 이야기했습니다. 하지만 예외가 있습니다. 바로 해결책이 나오는 일, 그리고 자신이 확실히 할 수 있는 범위의 일은 예외입니다. 그런 일에 대해서는 생각할 시간을 정해두고 그 해결책을 찾아보는 게 어떨까요?

위에서 예를 든 일은 '5분만' 생각해보면 해결책을 찾을 수 있습니다. "그래, 내일 아침 내가 먼저 '어제 뭔가 할 얘기가 있었던 거 아냐?'라고 물어봐야지.", "친구에게 전화해서 먼저 사과해야지. 그리고 내가 생각이 짧았다고, 진심을 제대로 설명하면 이해해줄 거야." 등등. 이렇게 해결책, 즉 '해야 할 일'을 확실히 정하면 마음에 걸리던 고민이나 후회가 순식간에 사라집니다. 그 일이 일단락 지어지기 때문입니다. 그리고 나서 앞에서 이야기한 잠들기 전 자신만의 루틴을 실천합니다. 그러면 상쾌하고 건강한 아침을 맞이할 수 있습니다.

행복했던 기억이나 감동한 기억을
다시 한 번 더 떠올려보세요.
여러분의 마음결이 한결 더 부드럽고 따뜻해집니다.

맺으며

'충실한 아침'이 가져다준 행복

"그날이 어떤 하루가 될지는 아침에 결정된다." 이것은 제가 이제껏 살아오면서 절실하게 느끼고 경험하며 이야기해온 것입니다. 그런데 마침 '아침을 어떻게 맞이하느냐가 인생을 좌우한다.'는 주제에 대한 책 출간을 제안받고, 평생 해왔던 생각을 한 권으로 정리할 수 있게 되었습니다. 이루 말할 수 없을 만큼 기쁘고 감사한 마음입니다. 어쩌면 이렇게 책이 나올 수 있었던 것이야말로 '충실한 아침'이 제게 가져다준 행복이라고 생각합니다.

이 책을 읽고 아침에 대한 생각이 달라졌나요? 아침을 보내는 방법을 다시 생각해봐야겠다는 마음이 생겼나요? 이 책에도 썼듯이, '실천'이 가장 중요합니다.

물론 생활 스타일은 제각각 다르므로 이 책에서 소개한 아침을 보내는 방법 중에서도 내일부터 곧바로 시작할 수 있는 일이 있는가 하면 조금 어려워 보이는 일도 있을 것입니다. 하나라도 좋으니 자신의 생활에 쉽게 도입할 만한 일부터 우선 실천해보세요. 일단 한 걸음을 내딛는 것이 중요합니다. 한 걸음 내딛고 나면 탄력이 붙습니다. 하나라도 일단 해보면 반드시 "이것도 해볼까? 저것도 할 수 있을 것 같아." 하고 생각하게 될 것입니다. 그런 생각은 그대로 여러분의 아침을 충실하게 바꾸는 확실한 첫걸음이 됩니다.

서두를 필요 없습니다. 한 걸음씩 나아갑시다. 그리고 실천을 하면서 일어나는 마음과 몸의 변화를 차분히 느껴보고 음미해보세요. "와, 이렇게 상쾌한 기분은 지금까지 느껴보지 못했어.", "출근길 발걸음이 이렇게 가벼워질 수도 있구나.", "온화한 마음으로 아침을 보내면 하루 종일 평온하게 보낼 수 있어." 등등. 여러분에게 어떤 변화가 일어날지 저는 은근히 기대가 됩니다.

직접 경험해보면 더욱 탄력이 붙습니다. 점점 아침이 충실해집니다. 여러분 스스로가 착실하게 운 좋은 하루하루를 만들어내고, 행복한 인생을 만들어갈 수 있습니다.

아침에 긍정적인 마음으로 출발하면 하루 종일 긍정적인 기분으로 보낼 수 있습니다. 무엇보다도 '출발'이 가장 중요합니다. 이 책이 여러분의 아침을 조금이라도 훌륭하게 바꿔가는 데 작은 도움이 되었다면 필자로서 그보다 기쁜 일은 없을 것입니다.

지은이

마스노 슌묘

1953년 일본 가나가와 현에서 태어났다. 일본 조동종曹洞宗 겐코지建功寺의 주지 스님이고, 정원 디자이너로 활동하면서 다마미술대학多摩美術大学 환경디자인학과 교수를 역임하고 있다.

다마가와대학玉川大学 농학부를 졸업한 후 조동종의 대본산大本山인 소지사總持寺에서 수행했다. 선禪 사상과 일본의 전통적인 사고방식을 바탕으로 정원을 창작하는 활동을 하면서 세계적으로 높은 평가를 받고 있다. 정원 디자이너로서는 최초로 예술선장 문부대신 신인상을 수상했으며 외무대신 표창, 캐나다 총독 훈장, 독일연방공화국 공로 훈장 등 다수의 훈장과 표창을 받았다.

2006년 일본 〈뉴스위크〉에서 선정한 '세계가 존경하는 일본인 100인'에 선정되었다. 저서로는 《비우는 연습》, 《일상을 심플하게》 등이 있다.

옮긴이

부윤아

세종대학교 경제학과를 졸업했으며 책을 좋아하는 사람들과 소통하고자 번역가의 길을 선택했다. 현재 엔터스코리아 일본어 번역가로 활동 중이다. 주요 역서로는《에도 명탐정 사건 기록부》,《피케티의 21세기 자본을 읽다》,《2020년 인공지능이 내 곁으로 다가왔다》,《이과에 강한 아이로 키우는 공부법》,《느릿한 생활》(출간예정)이 있다.

행운은 반드시
아침에 찾아온다

2017년 8월 17일 초판 1쇄 발행

지은이 마스노 슌묘
옮긴이 부윤아

펴낸이·김상현, 최세현
책임편집·최세현 | 디자인·최우영

마케팅·권금숙, 김명래, 양봉호, 임지윤, 최의범, 조히라
경영지원·김현우, 강신우 | 해외기획·우정민
펴낸곳·(주)쌤앤파커스 | 출판신고·2006년 9월 25일 제406-2006-000210호
주소·경기도 파주시 회동길 174 파주출판도시
전화·031-960-4800 | 팩스·031-960-4806 | 이메일·info@smpk.kr

ⓒ 마스노 슌묘(저작권자와 맺은 특약에 따라 검인을 생략합니다)
ISBN 978-89-6570-489-8 (03320)

• 이 책은 저작권법에 따라 보호받는 저작물이므로 무단전재와 무단복제를 금지하며, 이 책 내용의
  전부 또는 일부를 이용하려면 반드시 저작권자와 (주)쌤앤파커스의 서면동의를 받아야 합니다.
• 이 책의 국립중앙도서관 출판시도서목록은 서지정보유통지원시스템 홈페이지(http://seoji.nl.go.kr)
  와 국가자료공동목록시스템(http://www.nl.go.kr/kolisnet)에서 이용하실 수 있습니다.
  (CIP제어번호:CIP2017017331)
• 잘못된 책은 구입하신 서점에서 바꿔드립니다.   • 책값은 뒤표지에 있습니다.

쌤앤파커스(Sam&Parkers)는 독자 여러분의 책에 관한 아이디어와 원고 투고를 설레는 마음으로 기다리고
있습니다. 책으로 엮기를 원하는 아이디어가 있으신 분은 이메일 book@smpk.kr로 간단한 개요와 취지,
연락처 등을 보내주세요. 머뭇거리지 말고 문을 두드리세요. 길이 열립니다.